_____ 님께

새로운 시작을 준비하는 당신,
더 높이 도약하려는 당신을 진심으로 응원합니다.

_____ 드림

내 삶에
집중하게
만드는

작은
습관

조양제 지음

타커스

차 례
—

# 2부 마음의 습관

# 3부 생활의 습관

프롤로그

一

# 변화의 시작은 작은 습관을
# 바꾸는 것부터!

우리가 반복적으로 하는 행동이 우리가 누구인지 말해준다.
그러므로 중요한 것은 행위가 아니라 습관이다.
― 아리스토텔레스, 철학자

당신은 아침에 일어나면 어떤 일을 가장 먼저 하는가? 나는 살아
오면서 절대 바꾸지 못하는 습관이 있다. 일어나자마자 바로 화장
실에 가는 것이다. 아침에 볼일을 시원하게 보면 다른 일도 시원하
게 잘 풀릴 것 같은 예감이 들고 하루를 가볍게 시작할 수 있다.

우리는 자신도 모르는 사이에 여러 습관들에 사로잡힌 채 살아
간다. 좋아서 생긴 습관이든, 싫어서 생긴 습관이든 말이다. 말투,
몸짓, 생각……. 그 어떤 것도 한순간에 만들어지지 않는다. 그리

고 한번 생긴 습관은 좀처럼 바꿀 수가 없다. 아무리 작고 사소한 습관도 시간이 지나면 나만의 특징이 되어버린다. 이처럼 중요하지만 내 마음대로 안 되는 습관을 어떻게 하면 자유자재로 다룰 수 있을까?

모든 일이 그렇듯이 시작이 중요하다. 달리기를 하려면 신발끈을 잘 매야 하고 글을 잘 쓰려면 첫 문장을 과감하게 질러야 한다. 거창하게 생각하면 두려움이 앞서서 아무것도 못한다. 아주 작은 것이라도 일단 시작하는 것이 중요하다.

인생을 바꾸고 싶다면 지금 당장 할 수 있는 작은 일부터 시작해보자. 작심삼일이 아니라 '작심하루'를 목표로 시작하면 된다. 하루에 할 수 있는 것들을 하루 안에 해내는 것이다. 그렇게 365일 작은 습관을 실천하면 1년 후에는 지금과는 달라진 자신을 만나게 될 것이다.

습관이 버릇을 만들고, 버릇이 성격을 만들고, 성격이 인생을 바꾼다고 한다. 조급한 마음을 버리고 좋은 습관을 차근차근 쌓아가면 결국 자신의 운명도 바꿀 수 있다. 투덜거리는 말투만 바꿔도 친구가 생기고 사람들이 모인다. 점심 식사 후 30분간 걷는 것만 꾸준히 해도 뱃살은 남의 이야기가 된다. 자기 전에 하루에 세 줄씩만 감사일기를 써도 편안하게 하루를 마무리할 수 있다.

내 아내는 아침에 일어나면 묵주기도로 하루를 시작한다. 새로운 하루를 경건하게 받아들이고 좋은 일만 가득하기를 바라는 작은 의식 같은 것이다. 이런 습관 덕분인지 편안한 마음으로 하루를 시작할 수 있다고 한다. 아내뿐만 아니라 우리 가족 모두가 그 기운을 받아 기분 좋게 하루를 시작한다.

이 책은 작은 습관들을 실천하며 우리 몸과 마음에 긍정적인 체질을 만들자고 제안하는 책이다. 세상에는 좋은 습관과 긍정적인 태도를 찬양하는 말들이 많다. 하지만 직접 실천하기는 만만치 않다. 그런 말을 듣는 순간에는 고개를 끄덕이다가도 막상 생활 현장에서는 하나도 기억이 안 난다. 평소에 생활습관으로 체화되어 있지 않기 때문이다. 이 책은 어려운 이야기 대신 쉽고 재미있는 작은 습관들을 제안함으로써 긍정 체질을 만들 수 있도록 유도한다.

이 책의 내용은 몸의 습관에서 시작해서 마음의 습관, 생활의 습관, 세상의 습관으로 점차 확장된다. 실천하기 좀 쑥스러운 것은 있어도 어렵거나 힘든 것은 없다. 출퇴근하면서, 설거지하면서, 근무하는 중간에, 동료들과 수다를 떨면서 직접 해볼 수 있는 것들이다. 일단 책에서 소개하는 대로 하나둘 따라하다 보면 자신에게 꼭 맞는 습관을 찾게 될 것이다. 그리고 그 습관이 변화를 만들고, 행복의 선순환을 이끌어낼 것이다. 부디 많은 분들에게 좋은 습관, 좋은 삶의 에너지가 쌓이기를 기원한다.

# 1부
# 몸의 습관

습관의 첫 단계는 몸에서 시작된다. 나의 육체를 있는 그대로 받아들이고 긍정해보자. 자신의 오감을 깨우고 육감을 살려내자. 매일 보던 것을 색다른 시각으로 보고, 매일 걷던 길을 맨발로 걸어보자. 몸에 좋은 습관들이 쌓이면 마음가짐도 달라진다. 인생을 즐겁게 살고 싶다면 몸의 습관부터 바꾸는 연습을 해야 한다.

# 01 괴테처럼 걷고 다빈치처럼 산책하자

## 일이 안 풀릴 땐 무조건 걷자

걷는 것은 자신을 세계로 열어놓는 것이다.
발로, 다리로, 몸으로 걸으면서 인간은 자신의 실존에 대한
행복한 감정을 되찾는다.
– 다비드 르 브르통, 『걷기 예찬』 중에서

나는 서른 살이 넘도록 운전면허가 없었다. 지하철로 이동하면서 책을 읽는 게 좋았고, 버스를 타고 다니며 바깥 풍경과 사람들의 표정을 보는 게 재미있었다. BMW가 하나도 부럽지 않은 B(Bus) M(Metro) W(Walk)족이었다. 그런데 면허를 따고 차를 사고 가족 나들이를 핑계 삼아 운전을 시작하면서 몸에 좋은 BMW와 헤어지게 되었다. 하루에 1시간 이상씩 걸었는데 채 10분도 걷지 않은 날이 많아졌다.

걷기에 게을러지면서 온몸에 안 좋은 기운들이 생겨났다. 잔병이 많아지고 뱃살이 점점 늘어나 허리띠 구멍이 뒤로 밀려났다. 몸은 수시로 경고를 보내는데 의식은 그저 편안함에 안주하려고만 했다. 직립보행을 하는 인간이 보행을 포기하니 몸도, 일상도 퇴보해갔다. 결국 몸무게가 0.1톤에 육박했고, 머릿속도 점점 무거워졌다. 카피라이터가 생각이 무거우면 무조건 퇴출감이다. 몸 상태가 심각해지고 나서야 위기를 느낀 나는 그야말로 평범한 사람이었다.

## 아이디어가 필요하다면 무조건 걸어라

중요한 프로젝트를 따기 위해 아이디어 회의를 하던 어느 날이었다. 3시간 넘게 회의를 해도 머릿속에서 번쩍이는 게 안 나왔다. 팀장도, 팀원들도 답을 못 찾고 둔탁한 머리만 긁적이는 동안 몸은 점점 피곤에 지쳐갔다. 팀장인 나는 회의를 중단시키고 팀원들에게 2시간 동안 다른 곳에 가서 놀든지 낮잠을 자든지 마음대로 하라고 했다. 그리고 나는 바로 남산으로 갔다.

무작정 남산 산책로를 걸었다. 지압을 할 수 있게 만들어놓은 길에서 맨발로 걷기도 하면서 일 생각은 벗어던지고 그저 걷는 일에만 집중했다. 1시간을 그렇게 느긋하게 걷고 산책을 했다. 다시 사무실로 돌아오는 순간, 머릿속에서 번개가 쳤다. 휴대폰 메모판을 열어 아이디어를 적고, 카피를 다듬었다. 10원짜리 아이디어도 안 나오던 머리에서 10억 원을 줘도 아깝지 않은 아이디어가 나왔다.

잠시 걷고 나서 사무실에 돌아오니 회의도 일사천리로 진행되고 결과물도 만족스러웠다. 결국 우리 팀은 그 프로젝트를 가볍게 따냈다. 그날 이후 나는 다시 걷기와 친해졌다. 출퇴근할 때에는 대중교통을 이용하고, 일부러 버스 한 정거장 전에 내려서 걸어가기도 한다. 직립보행을 하는 인간으로 돌아가니 몸속에서 긍정적인 진화가 다시 시작되었다.

살다 보면 가끔 일이 막힐 때가 있다. 짜증이나 화가 날 때도 많다. 그럴 때 가만히 앉아 있으면 머릿속만 더 복잡해진다. 쉽게 결론이 날 것 같지 않은 일, 잘 안 풀리는 문제가 있을 때는 30분만 힘차게 걸어보자. 서서히 해결책이 떠오를 것이다. 위대한 철학자 괴테가 산책을 즐긴 게 바로 이런 이유 때문 아니었을까?

우리는 살아가면서 수많은 잡념들과 싸운다. 그런 잡념들이 목표를 흐리게 하고 일 처리를 더디게 만든다. 이런 잡념을 없애는 가장 좋은 방법도 바로 걷기다. 심하게 기분 나쁜 일이 있으면 빠른 걸음으로 걸어보자. 참기 힘든 화가 걸음의 속도만큼 빨리 사라질 것이다. 머릿속이 무겁고 아이디어가 바닥났다면 아무 생각 없이 몇 시간이고 걸어보자. 굳어 있던 뇌가 말랑말랑해진 느낌이 들 것이다. 그렇게 조금씩 내 몸의 주인으로 돌아가자. 걷기는 평범한 사람들이 가장 실천하기 쉬운 작은 습관이다.

# 걷 기 를  통 한  습 관  연 습

## 1 등을 곧게 펴고 당당하게 걷자

자세가 좋으면 보기도 좋고, 자신감도 생긴다. 사람의 기품은 등에서 만들어진다고 한다. 나이가 들수록 뱃살만큼이나 등 근육도 신경 쓰자.

## 2 머리가 복잡할 때는 재래시장을 걸어보자

머릿속이 꽉 막혀 아이디어가 떠오르지 않을 때는 근처 재래시장에 가보자. 시장 특유의 활기찬 분위기에 자극을 받게 되고, 역동적인 시장 사람들 사이를 걷다 보면 새로운 생각의 물꼬가 트일 것이다.

## 3 올레길이나 둘레길을 걸어보자

도시에서는 자연을 벗하며 오랫동안 걸을 만한 장소가 마땅치 않다. 짬짬이 올레길이나 둘레길 코스를 걸으며 자연의 생명 에너지를 느껴보자.

## 4 음악을 들으며 흥겨운 마음으로 걷는 것도 좋다

출퇴근길에 mp3를 귀에 꽂고 흥겨운 음악을 들으며 걸어보자. 울적한 기분이 달아나고 발걸음도 가벼워진다.

## 02 빅 아이디어는 샤워줄기에서 쏟아진다

### 물의 힘으로 에너지를 채우자

목욕은 혈액순환에 도움을 주어 건강을 지키는 데도
좋은 역할을 한다. 게다가 생명 에너지를 활성화시키는
작용을 해서 명상의 효과도 거둘 수 있다.
- 나루세 마사하루, 『나는 변화시키는 3분 명상력』 중에서

광고회사 사람들은 밤샘 작업을 밥 먹듯이 한다. 이틀 밤, 사흘 밤
을 새는 건 보통이고, 중요한 프레젠테이션을 준비할 때는 며칠에
한 번 집에 들어갈 수만 있어도 고마울 따름이다. 밤샘 작업을 하
고 나면 책상 위는 온갖 자료와 담뱃재로 뒤덮이고 며칠 동안 안
감은 머리는 번들번들해진다. 대부분의 광고쟁이들은 휴일도 없이
'월화수목금금금'이 반복되는 생활을 당연한 일상으로 받아들이
고 있다. 이런 생활이 계속되면 집중력이 떨어지고 자신도 모르게

몸속에 병이 자란다.

어떤 사람은 책상 위에 온갖 자료가 쌓여 있으면 일에 몰입할 수 있어서 좋다고 한다. 사람마다 취향이 다르겠지만 내 경험에 따르면, 책상이 지저분하고 몸 상태가 더러우면 나올 아이디어도 다시 기어들어간다. 더러움이 바리케이드를 쳐서 아이디어가 꽉 막히는 이런 순간에는 사우나로 후퇴하는 것이 좋다.

아르키메데스의 빅 아이디어는 목욕탕에서 나왔다. 느긋하게 목욕을 즐기는 순간, 유레카를 외친 것이다. 뜨거운 물에 몸을 담그고 있으면 몸이 이완되면서 오랫동안 고민하던 문제가 별일 아닌 듯 술술 풀리고, 새로운 아이디어도 스멀스멀 기어나온다. 과학적으로 시냇물이나 폭포가 창의력을 자극한다는 주장도 있다. 예로부터 수행자들이 폭포수 아래에 자리를 잡는 것이 다 이유가 있는 것이다.

따라서 어쩔 수 없이 밤샘 작업을 해야 하는 상황이라면 중간에 잠깐이라도 목욕이나 샤워를 해서 에너지를 충전할 필요가 있다. 목욕을 하고 다시 회의를 하면 며칠 밤샌 사람 같지 않게 머릿속이 맑아진다.

프리랜서 생활을 하는 요즘, 나는 아침 샤워 효과를 많이 경험한다. 아침 운동 후 하는 샤워는 삶에 큰 활력을 줄 뿐만 아니라 일의 효율도 높여준다. 샤워 꼭지에서 쏟아지는 물이 몸속에 잠재된 에너지와 빅 아이디어를 깨우는 것이다.

# 목욕은 역사적·과학적으로 입증된 긍정 습관

목욕은 역사적으로 입증된 중요한 긍정 습관 중 하나다. 용맹하기로 이름 높은 스파르타 군인은 전투 후 반드시 목욕탕에서 피로를 풀었고, 중국이나 일본의 귀족들도 온천욕으로 에너지를 충전했다. 우리나라 왕들도 온천행궁을 통해 잔병을 치료했다는 기록이 있다. 이처럼 역사적으로 입증된, 물을 통한 에너지 충전법을 이제는 우리도 일상에서 습관처럼 활용할 필요가 있다.

일단 집안에서 간단하게 에너지를 충전하는 방법으로는 족욕이 있다. TV 드라마를 보면서 따뜻한 물에 발을 담그고 있으면 피로가 슬그머니 물러가는 것을 느끼게 된다. 여건이 된다면 사무실에서도 세숫대야에 따뜻한 물을 받아놓고 30분 정도 족욕을 하면 좋다. 그렇게 하고 나면 분명 일에 대한 집중력이 높아진다. 주위 시선이 신경 쓰인다면 혼자서 야근할 때라도 시도해보자.

요즘 사람들은 옛날 사람들에 비해 때가 더 많다고 한다. 스트레스와 피로가 그 원인이다. 이런 나쁜 기운은 몸에 쌓아두지 말고 목욕이나 샤워를 통해 그때그때 몸 밖으로 빼주는 게 좋다. 아이디어는 수북이 쌓인 담뱃재와 더러운 책상이 아니라 샤워줄기 속에서 쏟아진다는 사실을 명심하시라!

# 목 욕 의   효 과 를   활 용 한   습 관   연 습

## 1 일주일에 한 번은 반신욕을 하자

적당히 땀을 빼고 노폐물을 제거하면 몸에 좋은 기운이 돌기 시작한다. 특히 반신욕은 건강뿐만 아니라 다이어트에도 효과적이다.

## 2 바람에 몸을 씻는 풍욕을 해보자

목욕에는 여러 가지가 있지만 개인적으로 가장 하고 싶은 목욕은 풍욕이다. 알몸으로 달빛과 바람을 느끼는 풍욕은 온몸 가득 산소를 받아들여 몸을 더 단단하게 만들어준다. 옛날 우리 선조들은 풍욕을 하기 위해 특별한 정자를 짓기도 했다.

## 3 사우나에서 온탕, 냉탕에 번갈아 들어가자

우리 몸은 냉탕에서는 산성이 되고, 온탕에서는 약알칼리성이 된다고 한다. 이렇게 뜨거운 자극과 차가운 자극을 반복해서 주면 혈액순환 개선에 도움이 된다.

# 03 심호흡은 불안과 초조를 없애는 즉효약

### 긴장될 때는 크게 숨을 내쉬자

자리에 앉아 있는데도 심장이 두근대거나
호흡이 빨라지면 심호흡을 7~8회 느리게 반복한다.
심호흡은 기분을 맑게 하고
정신 상태를 안정시키는 데 큰 효과가 있다.
– 카나이 히데유키, 『남 앞에서 떨지 않고 말하게 해주는 책』 중에서

긴장감이 감도는 경쟁 프레젠테이션 현장. 자신의 순서를 기다리는 기획자의 손바닥에는 땀이 흥건하다. 먼저 발표하는 다른 회사의 기획자들은 어쩌면 저렇게 당당한지. 경쟁자의 자신감 넘치는 목소리를 들으니 가슴이 뛰고 머릿속이 뿌옇게 흐려진다. 회사 임원이 이번 프로젝트의 중요성에 대해 몇 번이고 강조했던 터라 심리적인 부담도 크다. 청심환을 먹고 동료가 가르쳐준 대로 손바닥 지압도 해보지만 아무 소용이 없다. 심장 뛰는 소리를 남이 들을까 걱정될

정도다. 드디어 자신의 차례. 파워포인트 자료를 준비하면서 광고주들에게 양해의 인사를 한다.

"사실 지금 제가 너무 떨립니다. 죄송하지만 심호흡 한 번 하고 시작하겠습니다."

기획자는 자료가 준비되는 사이 뒤돌아서서 크게 심호흡을 한다. 청심환도, 지압도 효과가 없었는데 심호흡을 하고 나니 마음이 다소 진정되는 기분이다. 솔직하게 양해를 구하고 나니 자신감도 생기는 것 같다. 이 기획자는 수준급은 아니지만 자신이 준비한 모든 것을 다 발표하고 무사히 프레젠테이션을 마쳤다.

이 이야기는 몇 년 전 나의 경험담이다. 나는 다른 사람 앞에서 발표하는 것을 정말 싫어한다. 그러나 하기 싫은 일도 해야 하는 것이 세상사. 이왕 하는 거 좀 잘해봐야지 하는 욕심이 생기지만 막상 발표 현장에 서면 다리가 풀리고 목소리에 힘이 빠진다. 그럴 때마다 나는 심호흡을 통해 마음의 안정을 찾는다.

## 심호흡만 습관화해도 오장육부가 건강하다

호흡은 생명과 직결된 가장 기본적인 요소이다. 정신없이 바쁘게 사는 우리네 일상을 보고 "숨 쉴 틈 없이 산다"라고 하는데, 진짜 숨 쉴 틈 없이 살면 죽는다. 제대로 숨 쉬고, 잘 숨 쉬어야 온몸이 건강해지고, 생활도 건강해진다.

사람이 불안하면 가장 먼저 호흡이 거칠어지고, 호흡이 불규칙하면 몸의 기능에도 이상이 생긴다. 불안, 긴장, 초조한 상태로 오랜 시간 있다 보면 위장 상태도 나빠지고 배설에도 문제가 생긴다. 이럴 때 의식적으로 크게 심호흡을 하는 것만으로도 불안감을 줄이고 마음을 가라앉힐 수 있다.

만일 여러 가지 잡생각이 들면 그것들과 싸우거나 억지로 내보내려고 하지 말고 그저 숨 쉬는 것에만 집중해보자. 자꾸 연습하다 보면 어느 순간 돈 걱정, 일 걱정, 집안 걱정 등 일상적으로 부딪히는 자잘한 고민들이 사라지는 걸 경험하게 될 것이다. 이러한 효과 때문에 최근에는 일부러 단전호흡을 배우는 사람들도 많다. 단전호흡이나 명상, 요가 등은 모두 일종의 정신 수련으로서, 마음속에 깃들어 있는 불안, 두려움, 욕망, 걱정 등을 몰아내는 데 효과적이다.

호흡하는 데는 정해진 장소나 시간이 따로 없다. 샤워를 하면서, 걸어가면서, 일하다가 잠시 쉬면서 그저 호흡하는 것에 집중하면 된다. 공원 벤치에 앉아서 맑은 공기를 마시며 5분 정도 호흡에 집중하기만 해도 충분하다. 시간의 흐름을 잊고 오직 자신의 몸속 에너지 흐름만 생각하면 된다. 맑은 공기가 자기 몸을 돌고 있다는 사실에 가만히 집중하면서.

나는 잠에서 깨어나 하루를 시작할 때 의식적으로 호흡을 느끼면서 '오늘 하루도 즐거운 마음으로 생활하겠다' 하고 다짐한다. 아침 샤워를 할 때는 잠시 숨을 멈추고 마치 잠수를 하는 느낌으로

1분 정도 숨을 참는다. 그러다 더 이상 참을 수 없는 순간 다시 숨을 크게 내쉬면서 내가 살아 있음을 느끼고, 새로운 에너지를 느낀다. 이렇게 생활하는 틈틈이 의식적으로 자신의 호흡을 느껴보자. 또 마음이 불안정할 때는 크게 심호흡을 하면서 걱정거리들을 몰아내보자. 그것만으로도 점차 편안하고 당당해지는 자신을 발견하게 될 것이다.

## 호 흡 의  힘 을  기 르 는  습 관  연 습

### 1 걸을 때 공기의 맛을 느껴보자
혀로 물맛을 느끼듯 코로 공기의 맛을 느껴보자. 몸이 건강해지고 기분도 한결 좋아질 것이다.

### 2 호흡의 수를 세어보자
2~3분 정도, 들이쉬고 내쉬는 호흡을 한 묶음으로 해서 그 수를 세어보자. 이렇게 하다 보면 자연스럽게 호흡에 집중하면서 명상의 효과를 얻을 수 있다.

# 04 몸의 습관은 슬로푸드에서 시작된다

## 천천히 만들고 천천히 먹자

우리는 맛있는 음식을 천천히
먹기 위해 세상에 태어났다.
— 쓰지 신이치, 『슬로 라이프』 중에서

많은 사람들이 바쁘다는 이유로 걸어가면서 햄버거를 먹고 모니터에 얼굴을 고정시킨 채 김밥을 먹는다. 맛을 음미할 줄 모르고 그저 끼니를 때우기에만 급급하다. 자신의 몸을 사랑하고 긍정하려면 일단 먹는 속도부터 줄여야 한다.

우리 옛 음식들 중에는 빨리 먹으면 탈이 나는 음식들이 많다. 보리밥이나 현미밥, 각종 나물들은 수십 번 씹어야만 넘길 수 있는 음식이다. 옛날 사람들은 하루에 평균 6,000번을 씹어 먹었는데 요즘 사람들은 부드럽게 잘 넘어가는 패스트푸드를 많이 먹어서 하루에 200번 정도밖에 안 씹는다고 한다. 많이 씹고 천천히 먹어야 소화가 잘되는데 우리들은 청개구리 짓만 하고 있다.

좋은 체질을 만드는 데 가장 중요한 것 중 하나가 바로 먹는 습관이다. 병은 대부분 잘못된 식습관에서 비롯된다. 그래서 식습관을 고쳐야 몸도, 마음도 긍정체질로 바뀔 수 있다. 급하게 먹는 습관, 패스트푸드나 인스턴트 위주의 식단으로는 건강한 체질을 만들 수 없다.

## 느리게 만들고 느리게 먹는 전통 음식으로 돌아가자

몇 년 전 서울에서 강원도로 이사를 오면서부터 아내는 바빠지기 시작했다. 1년 내내 자연 먹거리를 만드느라 잠시도 쉴 틈이 없다. 지난달에는 매실 장아찌를 담갔고, 이번 달에는 고추장을 직접 만들었다. 아이들을 위한 영양 간식으로 밤미숫가루를 만들겠다고 찹쌀, 현미, 잡곡, 밤 등을 베란다에 널어놓고, 바로 옆에는 육개장에 넣을 토란대도 함께 말리고 있다. 항아리에는 오이지, 동치미가 가득하다. 조만간 가장 어렵다는 된장 만들기에 도전하겠다고 한다.

슬로푸드에 대한 아내의 열정이 너무 패스트한(!) 것 같아서 왜 이렇게 열심이냐고 물었더니, 지금은 웬만한 것들을 부모님께 얻어먹지만 부모님이 안 계실 때는 직접 해먹어야 하지 않겠냐고 한다.

부지런히 배워서 앞으로도 계속 좋은 음식들을 직접 만들어 먹겠다는 것이다.

아내의 대답에 나도 절로 고개가 끄덕여진다. 서울에서 살 때만 해도 편리하고 효율적인 것만 찾았는데, 환경이 바뀌니 생각도 바뀌고 먹거리와 생활습관들도 점점 바뀌고 있다. 긍정의 선순환이 일어나고 있는 것이다.

자신의 몸을 소중히 생각하는 사람치고 인생을 허투루 사는 사람은 드물다. 먹는 것에 정성을 들이는 사람치고 매사 부정적이고 삐딱한 사람은 없다. 내 몸과 내 생활을 건강하게 만들고 싶다면 조금 더 천천히 만들고, 천천히 먹는 습관을 가져야 한다.

천천히 먹기 위해서는 가능한 한 제 시간에 규칙적으로 식사를 하고, 식사시간을 넉넉히 잡아야 한다. 바쁜 아침에는 어쩔 수 없다 하더라도, 점심이나 저녁 한 끼 정도는 최소한 30분 이상 천천히 식사하는 습관을 갖자. 여기서 중요한 것이 씹는 시간이다. 한 숟가락에 최소 30번 이상씩 씹어야 맛도 음미하고 소화에도 효과적이다.

처음에는 의식적으로 바꾸려고 노력하는 과정이 필요하다. 식습관은 웬만해서는 바꾸기가 어렵기 때문이다. 하지만 먹는 속도가 느려지는 만큼 삶의 즐거움은 더욱 커지고 인생의 길이는 더욱 길어질 것이다.

# 슬 로 푸 드 를  통 한  습 관  연 습

**1 누룽지나 말린 과일 같은 웰빙 간식을 만들어 먹자**

오도독오도독 씹어 먹는 누룽지는 뇌 기능 발달에 좋고 다이어트에
도 효과적이다. 제철에 따서 잘 말린 사과나 감은 합성첨가물이 들
어가지 않은 영양 간식으로 손색이 없다.

**2 한 달에 한 번 공원에서 도시락을 먹자**

매일 사 먹는 점심이 지겨울 때가 있다. 날씨 좋은 날 직접 도시락을
싸서 친한 동료들과 야외에서 점심을 먹자. 입맛도 돌고 기분도 좋아
질 것이다.

**3 한 달에 하루 단식을 해보자**

단식은 몸속에 쌓인 노폐물을 제거하는 데 효과적인 건강법이다. 순
서와 방법만 잘 지킨다면 단식을 통해 건강도 지키고 새로운 기운도
얻을 수 있다.

# 05 펑펑 울고 나면
## 속이 다 시원하다

울고 싶을 땐 참지 말고 울어버리자

몸은 비누로 닦고 마음은 눈물로 닦는다.
— 탈무드

몇 년 전 노무현 전 대통령이 서거하신 날 아침, 나와 아내는 뉴스를 보며 펑펑 울었다. 호불호를 떠나, 좌우 이념을 떠나 전직 대통령이 스스로 생을 마감했다는 사실에 충격을 받아 눈물을 그칠 수가 없었다. 생전의 영상을 보고 또 보며 계속 눈물을 흘렸다. 쉽게 진정되지 않던 가슴이 그렇게 울고 나니 조금 차분해졌다. 시민노제에 갔을 때도 도로 한복판에서 꺼이꺼이 울었는데, 주변을 보니 다른 사람들도 다 그렇게 울기에 나도 눈치 볼 것도 없이 눈물을 쏟아냈다.

1997년 다이애나 왕세자비가 교통사고로 사망했을 때 영국인들도 우리처럼 몇 날 며칠을 눈물로 지새우다시피 했다고 한다. 그런데 다이애나의 장례식 이후 정신병원과 심리상담소를 찾는 영국인이 절반으로 줄었다고 한다. 눈물로 평소에 쌓인 스트레스를 다 날려버렸기 때문이다.

## 눈물은 신이 인간에게 선물한 치유의 물

기쁜 감정이 소중하듯 아프고 슬픈 감정 역시 존중받아야 한다. 가슴 아픈 이야기를 들었거나 충격적인 사건을 마주했을 때 우리는 눈물을 흘린다. 마음껏 눈물을 흘리는 그 순간에 자신의 아픈 감정들이 치유된다. 그래서 눈물이 날 때는 참지 말고 그냥 우는 게 좋다. 헤어지고 싶지 않은 누군가와의 이별이 고통스러울 때, 억울하고 분한 감정을 주체할 수 없을 때는 그냥 펑펑 울어버리자. 흐르는 눈물의 그 짜디 짠 소금기가 고통을 씻어주고, 상처를 치료하고, 흉터를 아물게 할 것이다.

영국의 정신과 의사인 헨리 모슬리는 "눈물은 신이 인간에게 선물한 치유의 물"이라고 했다.

과학적으로 눈물은 박테리아를 죽이는 효과가 있다. 실컷 울고나면 깨끗하고 시원한 느낌이 드는 것이 바로 그런 이유 때문이다.

또한 연구 결과에 따르면 잘 우는 사람이 그렇지 않은 사람에 비해 삶에 대해 더 긍정적이고 건강하다고 한다. 눈물이 많은 여자가 잘 안 우는 남자들보다 더 오래 사는 이유도 이 때문이다.

미국 여자들은 한 달에 다섯 번 정도 우는데 한국 남자들은 두 번도 안 운다는 재미있는 조사 결과가 있다. 한국 사회는 남자들이 우는 것에 대해 매우 부정적이다. 그래서 한국 남자는 어릴 적부터 "사내자식이 울긴 왜 울어?"라는 꾸지람을 들으면서 자란다.

심지어 일생 동안 세 번만 울어야 한다며 횟수까지 정해놓고 울지 못하게 한다. 남자가 맡아야 할 책임을 강조하기 위해 생겨난 말이겠지만, 이렇게 감정을 강제적으로 통제하면 발산하지 못한 부정적인 감정들이 몸속에 차곡차곡 쌓여 병이 된다. 몸의 병뿐만 아니라 마음의 병도 생긴다. 감정표현도 하나의 습관이라 감정을 자꾸 숨기고 억제하기 시작하면 점점 더 감정표현에 서툴러진다. 또 스스로 혹은 주위 사람들로부터 자신의 상처를 위로받고 치유할 수 있는 기회가 줄어들게 된다.

우리는 지금보다 훨씬 더 눈물로부터 자유로워져야 한다. 울음으로 스트레스를 치유하는 것은 돈이 들지 않으면서도 매우 효과적인 자연 치유법이다. 암 환자들을 위한 치료법 중에는 울음치료도 있다고 하니, 눈물의 효과를 결코 우습게 볼 일이 아니다.

## 눈 물 의   치 유 력 을   이 용 한   습 관   연 습

**1 울 때는 목 놓아 우는 게 좋다**

감정이 복받쳐 흘리는 눈물은 몸과 마음을 건강하게 만든다. 감동적인 영화나 소설을 볼 때 억지로 눈물을 참지 말자. 크게 소리 내면서 엉엉 울면 더욱 효과적이다.

**2 주위 사람의 눈치가 보이면 혼자 있을 때라도 실컷 울자**

심리학자들은 혼자 있을 때 우는 것이 감정을 진정시키는 데 더 효과적이라고 한다. 대중들에게 큰 웃음을 주는 개그우먼 박경림의 스트레스 해소법은 음악을 들으며 혼자 실컷 우는 것이라고 한다.

# 06 5분간의 낮잠은 보약 열 첩 효과

## 낮잠으로 오후의 활력을 충전하자

낮잠은 창조적 상상력을 불러일으키는
의식과 무의식이 만나는 시간이다.
– 백남준, 공연 예술가

사람들은 점심을 먹고 난 후 가장 노곤해 한다. 이때는 뱃속이 든 든하니 잠이 저절로 온다. 봄철에는 춘곤증이라는 괴물이 덮쳐 하 품의 연쇄효과를 일으키기도 한다. 나른한 봄날 점심에 상추쌈이 라도 먹었다면 왕년의 천하장사 강호동도 그 졸음을 이길 수 없을 것이다. 이럴 때 잠과 싸우는 것은 그나마 몸속에 남아 있는 에너 지를 방전시키는 지름길이다.

점심식사 후에는 잠깐이라도 눈을 붙여보자. 잠깐의 낮잠은 보약 열 첩보다 더 강력한 에너지를 충전해준다. 보약의 효과는 서서히 나타나지만 낮잠의 효과는 즉시 나타난다.

나는 대학시절에 등록금을 벌기 위해 중동 신도시 건설현장에서 몇 달 일용직 아르바이트를 한 적이 있다. 그때 같이 일하던 아저씨들은 점심만 먹고 나면 바로 그늘에 자리를 깔고 낮잠을 자곤 했다. 육체노동의 노곤함을 1시간의 낮잠으로 완전히 해결한 것이다. 나도 그때 낮잠을 자던 것이 습관이 되어 요즘도 점심을 먹고 나면 사무실에서 단 10분이라도 잔다. 억지로 잠을 참으면서 2~3시간 나른하게 일하는 것보다 잠깐의 낮잠을 통해 오후를 활력 있게 보내는 게 더 효율적이라는 걸 몸소 체험했기 때문이다.

## 시에스타, 낮잠은 정신의 웰빙

이탈리아, 스페인, 그리스 같은 지중해 연안 국가와 라틴 문화권에는 시에스타라는, 온 나라가 낮잠을 자는 시간이 있다. 시에스타는 스페인의 전성기에 지배계층이 12~3시까지 낮잠을 자면서 휴식하던 것에서 비롯되었다. 지금도 이들 나라에서는 시에스타 시간에 가게의 문을 닫고, 법정도 잠시 휴정을 한다. 그리고 잠깐의 낮잠으로 에너지를 채운 사람들은 저녁 늦게까지 다른 나라 사람들이 부러워할 정도로 혈기왕성하게 활동한다. 스페인, 이탈리아, 라틴계 사람들의 에너지와 활력은 아마도 낮잠의 영향이 큰 듯하다.

시에스타 풍습은 한때 '지중해의 게으름'이라는 모욕을 들으며 폐지 운동의 대상이 되었다. 그러나 최근에는 스페인 등지에서 '정신적 웰빙'으로 재해석되어 부활하고 있고, 헝가리에서는 시에스타를 도입하기 위해 국민투표를 하자는 제안도 나왔다고 한다. 스페인 세비야 호텔연합의 마누엘 오테로 회장은 "버젓한 식사 뒤엔 마땅히 휴식이 있어야 한다. 더운 계절엔 정신을 다시 상쾌하게 만드는 시간이 필요하다"라며 시에스타의 효과를 역설했다.

## 야근이 많은 직장인은 낮잠으로 에너지를 보충하자

에너지가 넘치는 CEO들은 하루 3~4시간만 자는데도 조찬회의, 해외출장에 저녁모임까지 하면서 지친 기색을 전혀 보이지 않는다. 그들의 비법은 약속 장소로 이동하는 중에 토막잠을 자거나 사무실에서 잠시 낮잠을 자며 방전된 에너지를 수시로 충전하는 것이다. 강석진 전 GE 코리아 회장은 "점심식사 후 10분간의 규칙적인 낮잠은 하루의 원활한 스케줄과 아이디어 생산에 도움이 된다"라며 낮잠의 효과를 강조했다.

CEO들만 특별히 낮잠의 효과를 보라는 법은 없다. 점심식사 후에 건강에도 좋지 않은 커피를 마시며 억지로 잠을 쫓기보다 단 10분만이라도 아껴서 잠을 청해보자. 내 경험에 따르면, 퇴근시간이 일정하지 않고 야근과 철야가 많아 3D업종이라고 불리는 광고

인들은 그나마 낮잠을 통해서라도 체력을 유지하는 게 좋다. 너무 바빠서 충분히 잘 시간이 없다면 오늘부터 낮잠이라도 챙기자. 잠깐의 낮잠으로 하루를 두 배로 사는 효과를 얻게 될 것이다.

## 효과적인 낮잠을 통한 습관 연습

**1 점심식사 후 잠깐이라도 책상에 엎드려서 자자**

점심식사 이후에는 졸음을 이기려고 하지 말고 10분이라도 낮잠을 자자. 마땅한 장소가 없다면 책상에 잠시 엎드려서 자는 것도 괜찮다.

**2 대중교통을 이용할 때 차 안에서 자자**

택시나 버스, 지하철에 자리 잡고 앉으면 잠깐이라도 단잠을 즐기자. 어둡고 흔들리는 차 안에서 스마트폰으로 인터넷 서핑을 하거나 DMB 방송을 시청하면 눈이 급격히 피로해진다. 대중교통을 이용할 때만이라도 온종일 시달린 눈을 쉬게 해주자.

# 07 잘 싸는 사람이
## 잘산다
### 매일 쾌변의 즐거움을 누리자

하루에 두 번씩 빠짐없이
일정한 시간에 똥을 눈 것이
내 행복에 도움을 주었다.
— 탈무드

나는 매일 아침 일어나자마자 화장실로 간다. 시원하게 일(!)을 마치고 나면 하루의 시작이 가볍다. 그러나 스트레스와 술이 범벅이 된 날에는 아침 변도 변변치 않다. 이런 날은 온종일 몸이 무겁다. 몸이 무거우면 기분도 저조하고 일의 능률도 떨어진다.

요즘 사람들은 옛날 사람들에 비해 지나치게 잘 먹는다. 너무 잘 먹어서 탈이 나고 변도 이상해진다. 입으로 들어간 만큼 나오는 것이 정상인데, 입으로는 이것저것 가리지 않고 잘도 들어가는데 나오는 게 시원치 않으니 몸이 이상 신호를 보내는 것이다. 특히 스트레스에 포위되어 사는 사람들은 화장실 가는 것이 즐겁기는커녕 고통스러울 지경이다.

"아침이면 화장실에서 20분이나 끙끙대요."

"일주일에 한 번이라도 시원하게 똥을 누고 싶어요."

이런 호소를 하는 사람이 주변에 의외로 많다. 나도 얼마 전까지만 해도 화장실을 오래 차지하는 사람 중 한 명이었다. 머릿속에 온통 일 생각만 하느라고 화장실에 들어가서도 빅 아이디어를 짜내야 했다. 똥을 짜내러 갔다가 엉뚱하게 아이디어를 짜내느라 30분을 죽치고 앉아 있기도 했다. 이렇게 오래 앉아 있다 보면 나중에는 엉덩이가 저려온다. 게다가 화장실에서 짜낸 아이디어가 좋을 리 있겠는가. 기본적으로 냄새가 나는 아이디어라 회의할 때도 환영받지 못한다. 배가 편안해야 아이디어도 편하게 나오는 법이다.

한 통계에 따르면 우리나라 사람 중에 변비로 고생하는 사람이 500만 명이나 된다고 한다. 국민 네 명 중 한 사람은 뒤가 구린 사람이라는 것이다. 몸속의 노폐물을 배출하는 것이 배변인데, 변비 걸린 사람들은 짧게는 며칠, 길게는 일주일 이상씩이나 자기 몸속에 노폐물을 보관하고 있는 것과 마찬가지다. 그러니 자연히 병으로부터도 자유로울 수 없다.

화장실 갈 때 가장 안 좋은 습관 중 하나가 신문이나 책을 들고 가는 것이다. 배변할 때에는 그 일에만 집중해야 하는데, 신문이나 책에 신경 쓰다 보면 정작 볼일은 못 본 채 화장실을 나오게 된다.

## 방귀도 눈치 보지 말고 뀌자

똥 이야기가 나온 김에 형제인 방귀 이야기도 하고 넘어가자. 앞서 언급한 것처럼, 우리는 인풋(input)은 신경을 많이 쓰는데 아웃풋(output)은 괄시하는 편이다. 똥과 마찬가지로 방귀가 대접받지 못하는 것도 그런 이유 때문이다. 자기 몸에서 건강한 신호를 보내는데 다른 사람을 지나치게 배려하느라 그 신호를 무시해서 병을 키우는 것이다. 심지어 부부 사이에도 방귀를 트지 않은 사람들이 있다. 집안에서까지 방귀를 참아야 한다면 우리 몸이 너무 불쌍하다.

방귀 냄새는 내 몸이 건강한지를 파악하는 가장 쉬운 방법이라고 한다. 방귀 냄새가 지나치게 독하면 소화기가 안 좋다는 뜻이다. 변비나 숙변이 있거나 장의 활동이 원활하지 않을 수 있다. 매일 2리터 정도의 물을 마시고 규칙적인 운동을 하고 섬유질이 많은 음식과 신선한 채소, 과일을 먹으면 어느 정도 해결할 수 있다.

똥과 방귀, 이젠 눈치 보지 말고 제대로 대접하자. 제대로 먹고, 편안하게 자고, 하루 한 번 쾌변을 하는 것만으로도 우리 삶에 긍정적인 변화가 일어날 수 있다.

# 쾌 변 의   즐 거 움 을   위 한   습 관   연 습

**1  고구마와 단호박으로 아침식사를 대신하자**

고구마나 단호박 같은 섬유질이 많은 음식은 숙변 해소에 큰 도움을 준다. 먹기도 간편하기 때문에 출근 준비로 바쁜 아침에 식사 대용으로 최고다.

**2  하루 물 2리터(8~10컵)는 변비 해소에 특효약**

우리 몸의 70%는 물로 구성되어 있다. 물갈이를 잘 해줘야 배설도 잘 되고 몸도 건강해진다. 하루 2리터 정도의 물은 반드시 마시자.

**3  화장실 갈 때 책이나 신문, 스마트폰을 들고 가지 말자**

화장실에서 스마트폰이나 신문을 보면 집중력이 떨어져 배변 시간이 길어진다. 화장실에 10분 이상 앉아 있으면 항문에 불필요한 압력이 가해져 무리가 갈 수 있다.

# 08 하루 30분의 달리기가 인생을 바꾼다

**달리기로 몸과 마음을 충전하자**

내게 이제 달리기는 그 자체가 목적이 되었다.
육체와 운동, 노력과 내적인 평온.
나는 이런 매일의 체험을 절대 놓치고 싶지 않았고,
앞으로도 그럴 것이다.
– 요시카 피셔, 「나는 달린다」 중에서

앞에서 걷기의 좋은 점에 대해 이야기했다. 이번에는 걷기에서 한 단계 더 진보한 달리기를 제안한다. 신체 기능의 발달 단계는 눕기에서 앉기, 서기, 걷기 그리고 달리기로 이어진다. 사람은 새처럼 날 수도 없고, 오랜 시간 헤엄치거나 잠수할 수도 없으니 달리기는 사람의 신체 발달의 최종 단계라고 할 수 있다.

신체 기능의 가장 진보한 단계인 달리기야말로 우리가 더욱 개발하고 발전시켜야 할 분야다. 몸이 후퇴하면 인생도 후퇴하게 되기 때문이다. 달리던 사람이 걸으려고만 하고, 걷던 사람이 서 있거나 앉으려고만 하면 이미 병이 들었다는 증거다. 병에서 자유로워지고 좀더 진보한 인생을 살기 위해서는 자주 달려야 한다.

예전 인기 만화인 〈달려라 하니〉에서 주인공 하니는 참 많이 달린다. 슬픈 일이 있을 때나 기쁜 일이 있을 때나 달리면서 자신의 감정을 발산한다. 하니뿐만 아니라 아이들은 어른보다 달리기를 좋아하고 자주 달린다. 아이들은 가까운 거리도 꼭 달려서 가곤 한다. 편안함에 안주하고 삶의 관성에 따르게 된 어른들과 달리 아이들은 아직까지 몸과 마음이 가볍기 때문인 듯하다.

나도 하니처럼 어린 시절 부모님이나 선생님께 혼이 나거나 기분이 울적할 때면 운동장 몇 바퀴를 달렸던 기억이 있다. 그렇게 한참을 달리고 나면 기분이 한결 좋아졌다. 달리기는 신체 기능을 개선시키는 것뿐만 아니라 기분까지 좋아지게 만든다.

이러한 효과는 단순히 기분상의 문제가 아니라, 이미 과학적으로도 입증된 것이다. 30분 정도 신나게 달리다 보면 기분이 좋아져서 마치 '하늘을 나는 느낌'이나 '꽃밭을 거니는 느낌'이 들 때가 있는데, 이것을 '러닝 하이(running high)'라고 한다. 달리기에서만 맛볼 수 있는 특별한 카타르시스, 자꾸 더 달리고 싶은 욕구가 바로 러닝 하이다. 따라서 매일 30분 정도 꾸준히 달리는 습관을 가진다면 삶의 활력과 에너지를 계속 충전할 수 있을 것이다.

# 헬스장을 벗어나 자연을 벗하며 달리자

달리기의 좋은 점 중 하나는 쉽고 간단하면서도 돈이 거의 안든다는 것이다. 튼튼한 두 다리와 편한 운동화 한 켤레만 있으면, 언제 어디서든 시작할 수 있다. 그런데 안타깝게도 도시 사람들은 달릴 장소가 마땅치 않다는 이유로 비싼 돈을 내고 피트니스 클럽의 러닝머신 위를 달린다.

삭막한 피트니스 클럽 한 귀퉁이에서 콘크리트 벽을 바라보며 달리는 것은 죽은 달리기다. 달리기의 목적은 폐활량을 높이고 다리 근육을 단련시키려는 것만이 아니다. 달리는 동안 자연의 변화를 눈으로 확인하고, 공기의 흐름을 몸으로 느끼고, 주위의 풍경과 사람들의 모습을 관찰하면서 그 시간을 충분히 즐기려는 목적이 더욱 크다. 따라서 가까운 곳에 달리기를 할 수 있는 공원이나 학교 운동장이 있는지 찾아보고, 정 마땅치 않으면 동네 한 바퀴를 달리는 것이 더 좋다.

처음 시작할 때에는 하루 20~30분만 달려도 충분하다. 처음부터 무리하게 오래 달리는 것보다는 평소 안 쓰던 근육이 적응할 수 있도록 여유를 두고 자신의 체력에 맞게 조금씩 시간을 늘려가는 것이 중요하다.

몸과 마음에 모두 긍정적인 효과를 얻기 위해서는 운동을 하더라도 운동에 자신을 맞추는 것이 아니라 자신에게 운동을 맞추어야 한다. 즐거운 기분으로 지치지 않을 정도로 달리되, 피트니스 클럽보다는 계절의 변화를 느낄 수 있고, 사람들의 표정 변화를 읽을 수 있는 공원이나 자연에서 달릴 것을 권한다.

## 달 리 기 를 통 한 습 관 연 습

### 1 일단 운동화부터 사라

발에 잘 맞는 운동화를 사서 동네 한 바퀴를 천천히 달리는 것부터 시작하자. 처음에는 뛰다 걷다를 반복하는 게 좋다. 처음부터 너무 무리하면 몸에 충격이 갈 수 있다. 신발 크기는 발 길이보다 2센티미터 정도 여유가 있는 것이 좋고 신발 앞쪽 3분의 1 부분이 잘 굽어지는 게 좋다. 물집이 생기지 않도록 양말을 꼭 신어야 한다.

### 2 달리기 동호회에 가입하자

혼자 달리는 것보다 함께 달리는 것이 더 즐겁고 재미있다. 운동하는 시간이 고통스러우면 금세 포기하게 된다. 마음이 맞는 이들과 운동에 대한 정보도 교류하고 서로 생산적인 자극을 주고받자.

### 3 꾸준히 연습해서 마라톤에 도전해보자

요즘 40, 50대들 중에는 마라톤 동호회에서 왕성하게 활동하는 사람이 많다. 2~3년 꾸준히 연습한 후에 마라톤 풀코스에 도전해보자. 건강뿐만 아니라 성취감과 자신감까지 덤으로 얻게 된다.

# 09 내 몸의 자연 치유력을 살리자

## 약 사용을 줄여나가자

약에 대한 의존도가 높아지면 우리 몸의
자연 치유력이 혼란에 빠지고 결국 무기력해집니다.
그러다 보니 다시 병에 걸리게 되고
약을 찾는 악순환이 반복되지요.
— 이송미, 『약이 병을 만든다』 중에서

내 아내는 지금까지 전신마취 수술을 세 번 했다. 아이 둘을 나을
때와 콩팥 수술을 할 때. 수술 이후 매번 몸 상태가 급격히 나빠졌
다. 특히 세 번째 콩팥 수술을 하고 나서는 회복 중에 호흡 곤란으
로 죽을 고비도 넘겼고 수술 후유증으로 면역력이 떨어져 한동안
심하게 고생을 했다.

수술 후유증도 문제였지만 약물 부작용이 더 치명적이었다. 몸
을 빨리 회복시키려고 한약을 지어 먹었는데, 몸이 스스로 자연 치

유력을 발휘할 여유도 없이 약의 기운이 활동하기 시작한 것이 문제였다. 약에는 항상 부작용이 따르기 마련이다. 어느 한 곳에 좋다고 먹은 약이 다른 곳을 병들게 할 수도 있다.

아내는 한약을 먹은 이후 두드러기 증상이 나타났는데, 어찌나 가렵고 고통스러운지 죽고 싶다는 말까지 했다. 곁에서 지켜보던 나는 답답한 마음에 아내를 데리고 다시 병원을 찾을 수밖에 없었다.

아내의 고통을 참고 기다려줄 수가 없어서 다시 병원에 의존했다. 한약에 이어 양약을 먹기 시작했다. 한약의 부작용으로 상처난 자리를 다시 양약이 자극했다. 이번에 아내는 숨쉬기가 힘들다고 했다. 아파서 약을 먹고, 약을 먹어서 다시 아프고……. 가만히 생각하니 이건 아니라는 생각이 들었다. 아내와 긴 이야기를 나누며 고민한 끝에 찾은 방법이 식이요법이었다.

아침마다 감자와 당근을 갈아 먹고 아침밥 대신 고구마를 먹기 시작했다. 몸속의 자연 치유력을 키우기 위해 사는 곳도 옮겼다. 오랜 서울 생활을 접고 과감하게 강원도로 이사를 했다. 공기 좋은 곳에서 자연식으로 생활하다 보니 아내의 몸도 점점 건강해지고 있다. 그렇게 2년여의 노력 끝에 겨우 약물로부터 자유로워졌다.

# 약은 몸에 들어와 독이 된다

옛말에 '아파야 낫는다'는 말이 있다. 아프면 우리 몸의 면역기능이 활동을 개시해서 스스로 병을 치유한다는 뜻이다. 말 그대로 자연 치유, 스스로의 힘으로 병과 싸우는 것이다. 하지만 요즘 우리는 감기만 걸려도 병원으로 달려간다. 그냥 내버려두어도 일주일만 지나면 우리 몸이 알아서 몰아낼 수 있는 감기 바이러스를 약으로 해결하려고 한다.

우리나라 사람들은 항생제 많이 쓰는 것으로 유명하다. 약을 많이 쓰면 알레르기가 잘 생기고 간도 나빠진다. 심지어 우울증에 빠지기도 한다. 대부분의 약은 증상만 가라앉힐 뿐 근본적인 치료에 도움이 되지 않는다고 한다. 통증만 사라질 뿐 독성은 그대로 몸에 쌓이게 되는 것이다.

자기 몸의 주인이 되기 위해서는 약에 대한 의존도를 조금씩 줄여나가는 연습을 해야 한다. 자기 병은 스스로 고친다는 생각으로 면역력을 키워야 한다. 다른 사람에게 의존하는 삶이 위험한 것처럼 약에 의존하는 습관은 건강에 치명적인 부작용을 가져올 수 있다.

# 자 연  치 유 력 을  살 리 는  습 관  연 습

## 1 자신의 몸을 공부하자

자기 몸은 자기가 가장 잘 아는 법이다. 자신의 체질에 맞는 음식, 자신의 성격에 맞는 생활 방식, 특별히 취약한 부위 등을 알아두고 미리 병에 대비하자. 평소 자신의 몸 상태와 변화를 잘 관찰하는 것만으로도 심각한 질환은 예방할 수 있다.

## 2 자신이 먹는 약에 대해 공부하자

자신이 먹는 약의 부작용을 반드시 체크해두자. 새로 나온 약은 특히 더 주의해야 한다. 약 광고에 현혹되어 처방전 없이 여러 가지 약을 함께 먹는 것은 절대 금물이다.

# 2부
# 마음의 습관

세상 모든 일은 마음먹기에 달려 있다. 마음속으로 부정적인 것들을 부르면 그것들이 우리를 찾아온다. 그러나 마음속으로 즐거움, 열정, 감사, 사랑을 부르면 우리의 삶은 그런 것들로 가득 채워진다. 마음을 긍정적인 것들로 채우자. 인생이 180도 달라질 것이다. 아주 작은 것, 아주 평범한 것부터 조금씩 채워나가자.

# 10 숙제하듯 살지 말고 축제하듯 살자

**즐거운 인생을 위한 일곱 가지 공식**

인생은 한 권의 책과 같다.
어리석은 이는 그것을 마구 넘겨 버리지만,
현명한 이는 열심히 읽는다.
단 한 번밖에 읽지 못한다는 것을 알고 있기 때문이다.
— 장 파울, 작가

인생은 무조건 즐거워야 한다는 것이 내 지론이다. 우리에게 두 번째 인생은 없기 때문이다. 돈이 많든 적든, 명성이 높든 낮든 누구나 공평하게 단 한 번의 인생만 살 수 있다. 지나버린 시간은 물릴 수도 없고 되돌릴 수도 없다. 그러니 '왜 나는 부자가 아닐까?', '왜 나는 유명해지지 못할까?'라고 고민하기보다 '왜 나는 지금 즐겁지 않은가?'에 대해 더 많이 고민해야 한다.

하루하루를 즐겁게 사는 사람을 보면 몇 가지 공통점이 있다. 이들은 반드시 돈이 많거나 사회적으로 성공한 사람들이 아니다. 오히려 평범하고 소박하지만 자신의 삶을 소중하게 여기는 사람들이 삶에 대한 만족과 행복을 더 많이 느낀다. 이들은 쉽게 자신의 삶과 다른 사람의 삶을 비교하지 않고, 먼 미래에 있을지도 모를 행복이 아니라 '지금, 여기에서' 행복하게 지내는 것이 중요하다는 사실을 잘 알고 있다.

인생을 즐기는 사람들은 또한 지금 자신이 하고 있는 일이 가장 소중한 일이며, 정성을 쏟은 만큼 반드시 자신에게 돌아온다는 믿음을 갖고 있다. 이 믿음 덕분에 마음의 평온과 즐거운 삶을 덤으로 얻을 수 있는 것이다. 반면 자신의 삶에 만족하지 못하고 항상 자신보다 높은 곳만을 바라보는 사람은 흔들리는 바위에 앉은 것처럼 요동치는 욕망과 불안 속에서 살 수밖에 없다.

## 즐거운 인생을 만드는 공식

즐거운 인생을 만들기 위해서는 몇 가지 공식이 있다.

첫째, 자기 인생의 주인으로 살아야 한다. 원하는 대로 일이 풀리지 않더라도 다른 사람을 탓하지 말고, 핑계를 대거나 의지하지 말고, 온전히 자기 책임과 자기 생각에 따라 선택하면서 살아야 한다. 자기 인생의 주도권을 놓치는 순간 행복은 점점 뒷걸음질 치게 되고, 그 행복을 좇아가려다 자신의 인생마저 뒷걸음질 치게 된다.

둘째, 목적의식을 갖고 살아야 한다. 우리는 자신이 무엇을 원하는지 모르면서 사는 경우가 많다. 어떤 사람이 되고 싶은지, 어떤 삶을 살고 싶은지도 모르면서 다른 사람의 눈치를 보거나 보편적인 기준에 자신을 끼워 맞추려고 한다. 인생의 목적이 모호하면 결과도 흐지부지될 수밖에 없다.

셋째, 다른 사람들과 조화롭게 어울려 살아야 한다. 어떤 사람도 혼자만의 힘으로 살 수는 없다. 마음을 나누고 진심을 주고받는 것이야말로 인생의 가장 큰 즐거움이다.

넷째, 자연과 더불어 살아야 한다. 몸과 마음이 아프면 사는 곳을 바꾸라는 말이 있다. 지나치게 많은 사람들이 지나치게 많은 것을 소비하며 살아가는 도시에서는 생명력이 쉽게 고갈된다. 반면 자연은 수많은 생명을 탄생시키고 키워내는 신비로운 힘을 갖고 있다.

다섯째, 감사하면서 살아야 한다. 감사하지 않는 사람에게는 감사할 일이 생기지 않는다. 감사하는 마음이 강할수록 더 감사할 일이 많이 생긴다. 이것이야말로 가장 진실된 우주의 법칙이다.

여섯째, 일과 놀이의 균형점을 찾아야 한다. 일에 끌려다니거나 얽매이지 말고 자기가 좋아하는 일을 찾아서 즐겨야 한다.

일곱째, 웃으며 살아야 한다. 삶의 짐이 무거워서 웃기 힘들수록 더 많이 웃어야 한다. 억지로라도 웃는 연습을 하는 사람은 고도의 인생 깨달음 훈련을 하는 사람이다.

이 일곱 가지만 실천해가면 우리 인생은 숙제가 아니라 축제의

무대가 될 것이다. 매일매일 축제처럼 살 것이냐 끙끙거리며 숙제
하듯이 살 것이냐는 우리가 마음먹기에 달려 있다.

## 인 생 을   축 제 처 럼   사 는   습 관   연 습

### 1 과로하지 말자
야근과 철야는 행복한 인생의 최대의 적이다. 가능하면 조금씩 일의
강도를 줄여가자. 그래야 인생이 즐거워진다.

### 2 자연과 친해지자
자연에는 신비로운 생명력과 많은 선물들이 숨어 있다. 자연의 생명
력을 만끽할 수 있는 장소를 정해서 자신만의 아지트로 만들자.

# 11 긍정적인 말을 타고 다니자

## 생활 속에서 칭찬화법을 습관화하자

우리는 누구나 쉽게 잘못을 저지른다.
아홉 가지의 잘못을 찾아 꾸짖는 것보다는
단 한 가지의 잘한 일을 발견해 칭찬해주는 것이
그 사람을 올바르게 인도하는 데 큰 힘이 된다.
– 앤드류 카네기, 자선사업가

광고계 선배 중에 내가 인생 멘토로 삼는 T 선배가 있다. 나는 그분을 통해 카피라이터가 되었고 그분과의 교류를 통해 성장했다. 15년 넘게 인연을 이어오면서 그분의 카피라이팅 실력보다 인생을 대하는 태도에서 많은 것을 배웠다.

나는 T 선배에게서 광고를 배웠는데 처음에는 호된 꾸중이나 질책을 많이 받았다. 간혹 잘 쓴 카피가 있어도 선배는 쉽게 칭찬해주지 않았다. 심지어 1년의 수업을 마친 나에게 카피라이터를 하지 말라는 충고까지 할 정도였다. 냉정하고 엄했다.

그러던 선배가 15년 세월 동안 점차 변해갔다. 만날 때마다 느낀 두드러진 차이는 화법의 변화였다. 가능한 한 좋은 말만 하려고 노력했다. 후배들을 가르칠 때도 나를 가르칠 때와는 전혀 다르게 칭찬화법을 많이 썼다. 어떻게 이렇게 변했냐고 물었더니 말이 씨가 되는 걸 너무 많이 겪어서라고 했다.

부정적인 말을 입에 달고 살던 선후배들이 모두 안 좋은 모습으로 업계에서 사라져가는 것을 보며 말의 중요성을 깨달았고, 그 후로 가능한 한 좋은 말을 많이 하고 불평·불만을 거의 안 하게 되었다는 것이다. 그렇게 화법을 긍정적으로 바꾸었더니 자연스럽게 일도, 돈도 술술 잘 풀렸다고 한다.

## 남을 칭찬하기에 앞서 스스로를 칭찬하자

"너, 오늘 대단했어!"

이것은 내가 나에게 가장 많이 하는 칭찬이다. 나는 누구보다 나 자신을 칭찬하려고 노력한다. 낯간지러워도, '자뻑'이라는 소리를 들을지언정 꿋꿋이 그렇게 한다. 내가 이룬 것이 크든 작든 스스로 인정하지 않으면 다른 사람에게도 인정을 받기 어렵다는 것을 알기 때문이다.

인생을 살면서 힘든 시기나 감당하기 어려운 문제에 부딪히지 않는 사람은 없다. 겉으로는 화려하고 잘나가는 듯 보여도 누구나 다른 사람이 알지 못하는 자신만의 고통과 고민, 우울을 조금씩 품고 살아간다. 어떤 사람의 인생이든 사소한 불행은 흔히 일어나기 때문이다.

그런데 부정적인 사람은 일이 잘못되어 갈 때 쉽게 좌절하고 부정적인 말을 내뱉는다. 반면 긍정적인 사람은 스스로를 위로하고 용기를 북돋아준다. 힘들 때마다 "괜찮아, 잘될 거야", "지금의 어려움이 오히려 좋은 기회가 될 거야" 하며 스스로를 칭찬하고 격려하는 것이다.

힘든 상황을 자신의 몫으로 받아들이고 극복하려고 노력하는 것만으로도 우리는 칭찬받아 마땅하다. 우리의 인격과 영혼은 어려운 일을 극복하는 순간 더욱 고양되기 마련이다. 그러니 어려운 일이 생길수록 좌절하고 자책하기보다 스스로에게 용기를 북돋아주고 칭찬해주어야 한다.

칭찬은 마음속으로 해도 좋지만, 입 밖으로 소리 내어 하면 효과가 더욱 크다. 특히 마음의 상처가 깊을 때에는 거울을 보면서 자기 자신에게 따뜻한 미소와 진심어린 칭찬을 함께 보내자. 자기 자신에 대한 무한 신뢰와 애정이야말로 평범한 사람들이 세상에 맞설 수 있는 가장 큰 무기다.

# 칭 찬 의  효 과 를  키 우 는  습 관  연 습

## 1 칭찬하기 힘든 사람을 찾아 칭찬하자

친하지 않은 사람, 서운한 감정이 많은 친구 사이, 사고방식이 서로 다른 사장과 직원 혹은 동료 사이일수록 칭찬의 효과가 커진다.

## 2 공개석상에서 칭찬해야 효과가 좋다

칭찬할 때 여러 사람이 목격한다면 그 칭찬은 두세 배의 효과를 낸다. 칭찬은 공개적으로, 질책은 사적으로 하자.

# 12 하기 싫은 일을 빨리 끝내는 방법

## 확신을 갖고 집중해서 일하자

지금 하고 있는 일을 끝낸 후 다음 일이 전혀 없어도 좋다.
나는 다음에 대해 이렇다저렇다 말하지 않으니까.
현재 눈앞에 있는 모든 일에 나의 모든 것을 걸기 때문이다.
그러므로 과거에도 그다지 신경 쓰지 않는다.
— 안도 타다오, 건축가

나는 어렸을 때부터 복습보다는 예습을 좋아했다. 이미 했던 공부를 다시 하는 건 지겨운데 남들보다 한 발 먼저 새로운 걸 알아가는 일은 짜릿하고 즐거웠다. 복습은 공부라는 생각이 드는데 예습은 놀이처럼 느껴졌다. 요즘 유행하는 선행학습의 긍정적인 효과를 나는 그때 스스로 체득했던 것이다.

물론, 여기서는 복습과 예습의 교육적 효과를 말하려는 게 아니다. 중요한 것은 복습은 하기 싫어서 자꾸 미루었지만 예습은 재밌어서 스스로 찾아서 했다는 사실이다.

누구나 하기 싫은 일은 미적거리고 미루지만 하고 싶은 일은 다른 사람이 뜯어말려도 반드시 하고 만다. 그러니 하고 싶은 일을 한다면 절대 미루는 일은 없을 것이다. 그러나 인생이 하고 싶은 일만 하며 살 수는 없는 법. 그럴 때 필요한 것이 하기 싫은 일을 빨리 끝내는 기술이다.

프리랜서 카피라이터로서 나는 맡겨진 일을 비교적 빨리 끝내는 편이다. 자료 스터디와 아이디어를 내는 과정까지 속성으로 하지는 않지만, 컨셉을 잡고 본격적으로 카피 쓰는 작업에 들어가면 다른 사람들보다 빨리 써낸다. 그러면 카피를 기다리는 디자이너들도 여유 있게 작업할 수 있어 좋고, 그 다음 작업 과정도 수월하게 진행된다.

일을 처리하는 방식도 일종의 습관이라서 능력과 상관없이 지지부진하게 시간을 끄는 사람이 있는 반면 제 시간 안에 효율적으로 끝내는 사람이 있다. 흔히 오랫동안 고민해야 더 좋은 결과가 나온다고 생각하지만, 실제로는 일 처리가 늦어질수록 결과물이 변변치 않은 경우가 많다.

일을 할 때 시간을 끄는 진짜 이유는 비효율적인 시간 사용과 결과에 대한 불확실성 때문이다. 그래서 하기 싫은 일일수록 점점 더 오랫동안 하게 되는 악순환에 빠지고 결과 또한 저조하다. 이런 악순환에서 빠져나오기 위해서는 분명한 데드라인을 정해두고 집중적으로 일을 처리하는 습관을 갖는 것이 중요하다.

## 게을러질 때마다 오늘 할 일을 꼼꼼히 적어보자

일뿐만 아니라 일상생활에서도 하기 싫은 일이나 자잘한 잡무 등을 빨리 처리하는 방법을 알면 하루를 효율적으로 보낼 수 있다. 나는 하루 일을 시작하기 전에 다이어리에 그날 할 일들의 리스트를 적는다. 은행에서 동전을 지폐로 바꾸기, 사무실 서랍 정리하기 등 남들이 보면 정말 사소한 일들까지도 번호를 매겨 아주 꼼꼼하게 적는다. 그리고 하루를 마무리할 때 한 일과 못 한 일에 동그라미 또는 엑스 표시를 한다.

엑스 표시가 된 것 중에는 열심히 해보려다가 시간이 부족해서 못한 일도 있고 게으름을 부리다 못한 일도 있다. 이유가 어떻든 엑스 표시를 보면 반성을 하고 다시 의지를 다지게 된다. 리스트에 모두 동그라미를 친 날에는 '오늘 하루 참 열심히 살았구나' 하는 보람을 느낀다. 이렇게 그날 할 일들의 리스트를 적어 확인하면 습관적으로 일을 미루는 일이 점점 줄어든다. 매우 간단하지만 하루하루를 충실하게 보낼 수 있는 좋은 방법이다.

하지만 해야 할 일의 리스트만 적는 건 재미없고 지루하다. 해야 할 일들 사이에 한두 가지라도 하고 싶은 일의 목록을 끼워넣자. 잠시 산책을 한다든지, 서점 나들이를 가는 것도 좋다. 자신의 기분을 즐겁게 만들어줄 몇 가지 일들을 그날 할 일의 리스트 사이에 적어놓자. 하기 싫은 일을 미루는 것도 좋지 않지만, 하고 싶은 일을 미루는 것도 자신에게는 손해다.

## '지 금'에 집 중 하 는 습 관 연 습

**1 지겨운 일을 재미있게 하는 방법을 찾자**

우리의 일상은 단순하고 따분한 일들의 연속이다. 지겨워하면서 일을 하면 더 쉽게 지치고 피로해진다. 중간중간 노래를 하거나 체조를 하거나 가끔 분위기 전환을 해가면서 놀듯이 일을 하자. 그래야 일의 효율도 높아지고 마음도 즐거워진다.

**2 하고 싶은 일 앞에서 머뭇거리지 말자**

여행을 하고 싶다면 지금 당장 계획을 세우자. 수영을 배우고 싶다면 당장 수영장에 등록하자. 해야 할 일보다 하고 싶은 일을 먼저 하는 게 좋다.

# 13 남들이 싫어하는 곳에
## 답이 숨어 있다
### 생각을 뒤집으면 여전한 인생도 역전된다

발견이란 다른 사람과 똑같은 것을 보면서
무엇인가 다른 생각을 하는 것이다.
– 빌 그로스, 사업가

나는 20년 가까이 아파트 분양 광고 카피를 써왔다. 아파트 광고는
가장 비싼 제품을 파는 광고지만 광고인들이 가장 맡기 꺼려하는
분야이기도 하다. 10년 전만 해도 아파트 광고 카피를 쓴다고 하면
카피라이터로서 제대로 평가받지도 못하는 분위기였다. 그래서 나
도 한때 다른 분야의 광고를 맡아보려고 했다. 실속보다는 남에게
어떻게 보이는지가 더 중요했기 때문이다.

　하지만 어느 순간 생각을 뒤집었다.

'쟁쟁한 광고인들이 안 하겠다고 하면 내가 이 분야에서 1등이 되어보자!'

생각을 살짝 바꾸니 똑같은 일을 하는데도 보람이 생기고 재미도 붙었다. 일이 재밌으면 실력도 늘어나는 법. 시간이 지날수록 돈벌이도 잘되고, 아파트 광고를 맡기려고 일부러 나를 찾아오는 사람도 늘어갔다. 이 순간이 나의 카피라이터 인생에 있어서 첫 터닝 포인트다.

경력이 어느 정도 쌓이자 나는 조그마한 광고 기획사의 실장 자리를 맡게 되었다. 사실 작은 회사들도 크리에이티브에 있어서는 메이저 대행사들 못지않은 경우가 많다. 특히 직원이 많지 않다 보니 카피라이터가 디자이너나 AE의 일까지 해야 할 때도 많아서 말 그대로 멀티 플레이어로서의 기질을 키우기에는 더없이 좋다. 내 광고 인생의 두 번째 터닝 포인트는 용의 꼬리가 아닌 뱀의 머리로 살았던 이 시기다. 스펙은 초라했지만 인생을 스스로의 힘으로 살아가는 능력은 몰라보게 커졌다.

이 두 번의 터닝 포인트는 모두 역발상 정신에서 비롯된 것이었다. 남들이 생각하는 것과 다른 방식, 남들이 가는 길과 다른 길을 선택한 결과였다.

# 블루오션도, 창의력도 결국 역발상 정신이다

아무리 심한 불황이 닥쳐도 삶의 에너지가 넘치는 사람들을 보면 역발상 정신이 투철하다. 그들은 정해진 방식에서 답을 찾지 않고 새로운 대안을 찾아 나선다. 시도도 하지 않고 주저앉아 있는 평범한 사람들과는 달리 계속 도전하고 새로운 길을 만들어간다.

역발상 정신이라고 하면 거창하게 생각하기 쉽다. 하지만 일상생활 속에서의 역발상 정신은 재미있는 놀이에 더 가깝다.

직장인이라면 가끔 후배에게 먼저 커피도 타 주고 2호선 강북라인으로 출근하는 사람이라면 하루 정도는 강남 라인으로 돌아서 가보는 것도 좋다. 투자나 사업도 언론이 외면한 곳에 관심을 가져 볼 필요가 있다. 사실 언론에 나온 이야기들은 이미 남들도 다 아는 정보에 불과하다. 언론 기사에 따라 투자하는 건 큰 돈 못 버는 개미들의 투자법이다. 성공 투자를 원한다면 역발상 정신으로 무장할 필요가 있다.

인생에서는 가장 위험한 길이 가장 안전할 수도 있다. 안전운전은 도로 위에서만 하면 된다. 기존의 것들을 뒤엎는 혁신은 과속도 하고 끼어들기도 해야 비로소 길이 보인다. 자꾸 시도하고 자꾸 실패하면 묘수가 생긴다.

오늘부터 생활 곳곳에서 역발상 생활 팁을 실천해보자. 실천하고 시도하다 보면 우리의 인생도 유쾌한 뒤집기가 가능할 것이다.

# 역 발 상 을  통 한  습 관  연 습

**1 장점 없는 사람의 장점을 찾는 연습을 하자**

별 볼 일 없는 사람도 한 가지 장점은 가지고 있다. 상대에게서 장점을 찾아내는 연습을 하자. 특히 싫은 사람일수록 효과가 좋다. 꾸준히 연습하다 보면 주변에 적보다 친구가 더 많아질 것이다.

**2 단점을 장점으로 바꾸는 훈련을 하자**

건강, 재능, 재물 등 자신이 가지고 있는 모든 것에 지금까지와 전혀 다른 방식으로 의미를 부여해보자. 예를 들어 말솜씨가 없어서 대화를 주도하지 못하는 것이 늘 불만이었다면, 그 덕분에 다른 사람보다 말로 인한 실수를 적게 해온 것에 감사하는 마음을 갖자.

**3 습관적으로 하는 일들을 뒤집어보는 연습을 하자**

가끔 뒤로 걷거나 길거리 간판을 거꾸로 읽어보자. 남들이 안 하는 일, 하기 싫어하는 일을 찾아서 해보는 연습을 하자. 인생의 선행학습은 역발상 정신에서 나온다.

# 14 열정적으로 미치면 밑바닥을 친다

다시 공부하고 싶은 의욕을 살려내자

인간으로서 가장 위대한 도전은
자기 자신을 변화시키는 것이다.
— 조셉 캠벨, 신화학자

나의 아버지는 84세의 연세에도 불구하고 여전히 새로운 도전을
즐기신다. 얼마 전부터 컴퓨터 작동법을 배워 직접 지은 시조나 산
문을 타이핑해서 아버지만의 파일에 저장하신다. 땅에도 관심이
많아 짬이 날 때마다 인터넷으로 본인이 농사짓고 싶은 땅들을 찾
아보신다. 경매에 나온 작은 땅을 사들여 자신만의 농법으로 농사
를 짓겠다는 게 아버지의 목표다.

아버지는 배낭여행까지 꿈꾸신다. 나한테 "가능할까?" 하고 물으

시지만 이미 당신의 마음속에는 두 다리가 건강할 때 우리나라 어디로든 마음껏 다녀올 계획을 품고 계신 듯하다. 여든이 넘은 아버지의 열정 앞에 마흔 중반의 아들은 그저 부끄럽기만 하다.

## 인생을 주도하고 싶다면 공부하고 또 공부하라

어느 업종이나 마찬가지지만 광고계는 열정이 없는 사람은 버틸 수 없는 곳이다. 늘 새로운 아이디어를 뽑아내고 남들보다 적어도 반 발짝은 앞서서 트렌드를 이끌어야 하기 때문에 편안히 안주하려는 사람은 살아남을 수 없다. 과거에 잘나가던 카피라이터나 디자이너도 공부하지 않고 책을 읽지 않으면 이내 도태되는 곳이 광고업계다.

'미쳐야 미친다'라는 말이 있다. '미치다'라는 말은 '밑을 친다'에서 나왔다고 한다. 밑바닥까지 파고들어야 새로운 도약이 가능하다는 뜻이다. 어느 한 분야에 관심을 갖고 열정적으로 미치면 분명 밑바닥을 친다. 그렇게 재미있고 즐거운 일을 찾아서 빠져들면 성공은 반드시 찾아온다. 피곤한 게 아니라 즐거워야 한다. 재미가 있으면 누가 시키지 않아도 밤을 새며 일하게 된다. 그런 일을 찾아야 한다. 밤을 새도 즐거운 그런 일.

요즘 나는 일에 미친(!) 후배들에게 삶에 대한 열정을 배운다. 스스로를 '잡가(雜家)'라고 부르는 윤 카피는 글과 관련해서 안 해본

일이 없을 정도로 열정적으로 일한다. 작사도 하고, 사보도 쓰고, 카피도 쓴다. 그는 고등학교까지만 졸업하고도 많은 양의 다양한 일들을 열정적으로 척척 해냈다. 일을 하면서 스스로 부족함을 느껴 학원도 여러 곳을 다니고, 뒤늦게 방송통신대학에 입학해 못다한 공부를 계속하기도 했다. 스스로 좋아하고 재미있어 하는 분야이기에 그런 열정이 나왔으리라.

또 다른 후배인 임 카피는 선배들의 능력을 흡수하는 데 탁월한 능력이 있다. 그는 언제나 겸손하고 누구에게나 배우겠다는 자세로 일을 한다. 카피에 대한 열정은 물론이고, 삶에 대한 열정 또한 대단하다. 그 열정이 결국 작은 회사를 우리나라 최고의 광고회사로 이끌었고 지금은 링겔 투혼까지 발휘하며 프로 카피라이터로서 더욱 성장해가고 있다.

열정은 우리네 삶을 뜨겁게 만드는 긍정의 에너지다. 열정(enthusiasm)이란 단어는 원래 그리스어로 '내 안에 있는 하느님'이라는 뜻이라고 한다. 열정이 있으면 못할 것이 없고, 열정이야말로 내가 가장 따라야 할 가치라는 의미다.

열정의 에너지는 멀리 있지 않다. 지금 이 순간 자신이 가장 하고 싶은 일, 가장 좋아하는 일에 심하게 미쳐보자. 우리 마음속의 하느님이 우리의 인생을 더욱 충만하게 이끌어줄 것이다.

# 열 정 으 로  삶 의  에 너 지 를  축 적 하 는  습 관  연 습

### 1 일주일에 하루는 1시간 빨리 출근하자

아무도 출근하지 않은 이른 시간에 홀로 텅 빈 사무실에서 업무를 준비하면 일에 대한 의욕이 샘솟는다. 매일 그렇게 하기 힘들다면 요일을 정해두고 하루쯤 일찍 출근해보자.

### 2 2년의 기한을 정해놓고 외국어를 배우자

어떤 언어든 2년만 집중적으로 투자하면 기본회화 정도는 할 수 있다. 직업에 도움이 되는 언어도 좋고, 개인적으로 관심 있는 언어를 익히는 것도 좋다. 2년간 열심히 공부한 후 해당 언어권으로 여행을 떠나는 계획을 세워보자.

### 3 대규모 군중 시위에 동참해보자

자신과 비슷한 생각을 하는 사람들과 같은 주장을 외치는 것은 소중한 경험이다. 시위는 세상에 대한 부정이 아니라 세상에 대한 뜨거운 사랑이다. 인터넷 공간에서 걸어나와 직접 시위 현장에 참여하면 더 큰 에너지와 기운을 얻을 수 있다.

# 15 아이들은
## 상상력의 스승
### 아이들에게서 창의력과 집중력을 배우자

모든 어린이는 예술가다.
문제는 어른이 된 뒤에도
어떻게 예술가로 남을 수 있는가이다.
— 피카소, 화가

아이들은 엉뚱한 것끼리 조합해서 완전히 새로운 것을 만들어내고, 어른들이 도저히 생각해낼 수 없는 것을 표현해내는 상상력을 갖고 있다. 창의력을 키우려면 자기 안의 아이들을 불러내서 자유롭게 놀게 만들어야 한다.

아이들은 심심한 걸 가장 싫어한다. 어떤 것이든 자꾸 만지고 뜯어보고 뒤집어본다. 어린아이들에게 '원래 그런 것'이라는 말은 통하지 않는다. 아이들에게는 정답이 하나가 아니고, 정답을 찾아가는 방법도 수없이 많다.

　우리 집 아이들도 어릴 적에 일을 저지르는(!) 것에 탁월한 능력을 갖고 있었다. 부부끼리 잠시 외출을 하고 오면 집안이 온통 난장판이다. 종이접기를 해서 온 집안에 테이프로 덕지덕지 붙여놓는 것은 예사고, 수십 장의 빈 종이에 세계지도를 그리다가 만 흔적을 남겨놓는다. 그럴 때 나는 '욱하는' 마음이 목구멍까지 치솟아 오르지만 아이들의 사기를 생각해 간신히 참는다. 화분이나 그릇을 깨지 않고 놀아준 것만 해도 감사하다고 생각하면서.

　서너 살배기 아이가 있는 집에 가보면, 벽지가 그대로 스케치북이다. 그런 장난을 못하게 하면 아이들의 창의력 지수가 급격히 떨어진다. 나는 지능지수와 감성지수가 자라려면 말썽지수도 함께 높아야 한다고 생각한다. 독특하고 창의적인 아이디어를 내고 싶다면 말썽 잘 피는 아이들을 자세히 관찰해보면 된다. 아이들은 일부러 말썽을 부리는 게 아니라, 그저 하고 싶은 대로 할 뿐이다. 호기심을 참지 않고 하고 싶은 대로 계속 저지르는 것이다. 그래서 아이들에게는 하루하루가 재밌고, 일상이 놀이의 연속이 된다.


## 아이들은 전쟁터에서도 희망을 찾으며 웃는다

　아이들은 어떤 상황에서든 재미있게 노는 재주를 갖고 있다. 심지어 전쟁터에서도 깔깔거리며 놀고, 주변의 보잘것없는 사소한 물건에도 대단한 의미를 부여한다. 바로 이것이 우리가 아이들에게서 배워야 할 삶의 자세다.

아이들은 가끔 어른들이 깜짝 놀랄 정도로 정곡을 찌르는 말을 한다. 아이들은 실수를 두려워하지 않으며 어느 한 곳에 완전히 집중할 수 있는 능력을 갖고 있다. 항상 '왜?'라는 질문을 던지며, 쉽게 평가하거나 단정하지 않는다.

아이들이 노는 모습을 가만히 지켜보면 창의력뿐만 아니라 고도의 집중력에 놀라게 된다. 게임이나 장난감, 만화책 등에 빠진 아이는 자신을 부르는 소리도 못 듣고, 옆에 있는 사람도 안중에 없다. 세상의 모든 예술은 아이들처럼 좋아하는 것에 대한 순수한 즐거움과 고도의 집중력에서 탄생한다.

어른은 너무 많은 것을 생각하며 복잡하게 살지만, 아이들은 자신이 좋아하는 것만 생각하며 단순하게 산다. 어른은 어디에 발을 내디딜지 살펴보느라 고개를 숙인 채 살지만, 아이들은 하늘을 보며 날아오를 꿈을 꾼다. 어른은 웃을 이유가 있어야 웃지만, 아이들은 자신의 웃음으로 다른 사람을 웃게 만든다.

아이들처럼 "재미있다", "기분 좋다", "신난다"라는 말을 자주 하는 삶이야말로 성공한 삶이다. 그런 말들로 일상을 채우다 보면 인생이 지금보다는 훨씬 더 즐거워질 것이다.

## 어 린 아 이 처 럼   상 상 하 는   습 관   연 습

### 1 아이들의 이야기를 귀 기울여 듣자

아이들의 이야기 속에는 기발한 발상들이 넘친다. 고정관념에 매이
지 않은 아이들의 엉뚱하고 단순한 생각을 귀 기울여 듣다 보면 어
른들의 굳어 있는 뇌도 조금 말랑말랑해질 것이다.

### 2 하루에 한 번, 아이와 함께 하는 일을 만들자

하루에 한 번 아이에게 전화하거나 문자 보내기, 하루에 한 번 안주
기, 일주일에 한 번 서점 같이 가기, 일주일에 한 번 편지쓰기 등을
통해 아이와 마음의 문을 열고 소통하는 연습을 하자.

# 16 선택했다면 후회하지 말자

**일단 선택한 일은 자신 있게 해나가자**

우리의 삶은 매순간 선택입니다.
쉼 없는 선택의 길입니다.
그러기에 우리는 늘 깨어 있어야 합니다.
소모적인 삶이 아니라 도움되는 삶.
좀더 살기 좋은 세상을 만들어가는
삶이 되도록 해야 합니다.
― 헬렌 니어링, 철학자

프랑스의 철학자 장 폴 사르트르는 "인생은 B(Birth, 출생)와 D(Dead, 죽음) 사이의 C(Choice, 선택)이다"라고 했다. 태어나서 죽을 때까지 매 순간 선택을 해야 하는 것이 인생이라는 뜻이다.

좋은 선택이든 나쁜 선택이든 우리의 인생은 선택에 의해 결정된다. 학교를 선택하고, 직장을 선택하고, 배우자를 선택하고……. 그 수많은 선택의 순간에서 우리는 망설이고 고민하며 인생의 행로를 결정한다. 어차피 인생이 선택의 연속이라면 선택의 옳고 그름을 평가하는 것은 무의미하다. 자신이 선택한 것에 만족하고 최선을 다한다면 그 자체로 올바른 선택이고 생산적인 삶의 과정이다. 선택의 결과는 전적으로 자신이 하기 나름이라는 뜻이다.

비범한 사람들은 스스로 선택하는 인생을 살고, 그 선택에 후회하지 않는다. 반면 평범한 사람들은 선택 당하는 인생을 살거나 선택한 후 이내 후회하며 산다. 중요한 것은 어떤 선택을 했든 당당하게 밀고 나가는 자신감이다.

## 선택한 후에는 돌아보지 말고 당당하게 가자

나는 대학교 3학년 때부터 기자가 되기 위해 언론고시를 준비했다. 능력 부족인지, 장벽이 워낙 높아서인지 10여 차례의 시험에서 모두 떨어지고 광화문에 있는 조그만 한 잡지사에서 기자생활을 시작했다. 하지만 그것만으로는 성에 차지 않았다.

잡지사에서 내가 한 일은 원래 꿈꾸던 기자의 일과는 거리가 멀었다. 실무 경험을 쌓으면서 언론고시를 다시 준비하는 것도 나쁘지 않다고, 오히려 더 좋은 기회가 될지도 모른다고 애써 위안을 삼아봤지만 마음 한편에는 내 일이 아니라는 생각이 더욱 강하게 들었다.

그러던 중 친한 친구가 카피라이터를 해보는 게 어떠냐고 권유했다. 그때까지만 해도 나는 오직 기자가 되는 것만 꿈꾸었기에 카피라이터라는 직업은 생각조차 해보지 않았다. 그런데 어쩐 일인지 친구의 이야기를 듣자 오랜 망설임이나 고민 없이 카피라이터가 되고 싶다는 생각이 들었다. 이후 자연스럽게 전직을 했고 지금까지 20여 년간 카피라이터로 살고 있다.

우리는 대부분 자신의 재능을 막연히 알고 있다. 자신이 어떤 일을 잘하고 어떤 능력이 뛰어난지 구체적으로 알지 못한다. 따라서 인생의 기로에서 어떤 선택을 할 때 가끔은 '어쩐지 잘할 수 있을 것 같고, 재미있을 것 같다'라는 느낌이 더 중요하다. 나는 우연히 친구의 권유를 받고 카피라이터가 된다면 잘할 수 있고, 재미있게 일할 수 있을 것 같은 생각이 들었다. 그리고 그렇게 선택한 일에 어떤 핑계도 대지 않고, 매 순간 즐거운 마음으로 일했다. 반쯤은 우연히 시작한 일이지만 카피라이터가 된 것이 지금까지 내 인생에서 가장 옳은 선택이라고 생각한다.

우리 인생에는 대나무 마디처럼 순간순간 선택의 마디들이 있다. 이때는 거침없이 달리다가 잠시 스스로를 돌아보는 순간이다. 그냥 내처 달려야 할지, 수많은 길 중에서 다른 길을 선택해야 할지 진지하게 판단하는 순간이다. 또한 선택의 마디는 우리가 더 성장할 수 있는 기회다. 일단 선택했다면 다시 거침없이 내달려야 뻗어나갈 수 있다. 어떤 선택을 하든 당당하게, 자신 있게 해나가는 것이야말로 평범한 사람을 비범하게 만드는 힘이다.

# 선 택 과   책 임 을   통 한   습 관   연 습

## 1  후회를 최소화하는 선택이 최선이다

대박이 터지지 않아도 좋다. 후회하지 않은 선택을 한 것만으로도
감사한 일이다. 스스로의 욕심을 한 템포 낮추면 후회도 줄어든다.

## 2  너무 낙관하지도, 너무 비관하지도 말자

낙관은 과정이 즐겁지만 결과에 실망할 때가 많고 비관은 마음고생
의 과정을 겪지만 결과에 크게 실망하지 않는다. 우리 인생은 과정
도 즐겁고 결과도 즐거워야 한다. 이런 점에서 낙관과 비관을 조화시
키는 선택이 중요하다.

# 17 사랑은 누군가에게 길들여지는 것

## "미안해"라는 말이 "사랑해"라는 말을 빛내준다

인간 생활의 모든 모순을 해결하고,
최고의 행복을 주는 감정을 사람들은 알고 있다.
그것은 바로 사랑이다.
— 톨스토이, 작가

결혼 초에 나는 참 철없는 남자였다. 나를 사랑해서 결혼한 아내를 홀로 두고 매일 다른 사람들을 만나러 다니고 늦게까지 술에 취해 휘청거리다 집에 들어가곤 했다. 당시에는 내가 한 가정을 책임지는 가장이 되었다는 사실이 부담스럽기도 하고, 30여 년을 전혀 다른 환경에서 자란 아내와 새로운 라이프스타일을 만들어가는 것이 낯설고 어렵게 느껴지기도 했던 것 같다.

　아내는 그런 남편을 답답해하면서 시간을 두고 점점 나를 길들여갔다. 내가 무엇을 잘하고 잘못하는지 부드럽게 표현해주고, 가족과 가정을 위해 서로 어떻게 해야 하는지 이끌어주었다. 그렇게 낙랑공주 같은 아내의 현명함이 온달 같은 남편을 변화시켜갔다.

아이가 태어나면서 나는 또 아이들에게 길들여졌다. 두 아들이 하는 짓이 너무 예뻐서 한동안은 사람들과의 만남이나 술자리도 멀리 할 정도였다.

지금의 나는 온전히 아내의 작품이다. 결혼한 지 18년이 지난 요즘도 아내와 나는 하루에 열 번 이상씩 휴대폰으로 통화를 한다. 사람들은 집에 들어가서 이야기하면 되지 뭐 그렇게 통화할 일이 많으냐고 묻지만, 번갯불에 콩 구워먹듯 서로 아주 잠깐씩만 통화를 해도 든든하고 편안한 마음이 생긴다. 특별한 일이 있거나 꼭 전해야 할 말이 있어서가 아니라 전화를 거는 것 자체가 서로에게 관심과 사랑을 표현하는 방법이기 때문이다. 이 잠깐의 통화 속에 우리 부부만의 길들여진 사랑이 있다.

## "사랑해"를 빛나게 하는 말은 "미안해"

2005년 영국인 퍼시 애로스미스(105세) 씨와 그의 부인 플로렌스(100세) 씨가 최장기 결혼생활로 기네스북에 올랐다. 이들은 무려 80년을 함께 살았는데, 그 비결은 바로 "여보, 미안해"라는 한마디 때문이라고 한다.

이들 부부는 서로 "미안해"라는 말을 자주 하고, 상대방도 말을 들은 즉시 "그래" 하며 받아준다고 한다.

"미안해"라는 말은 너무 쉬워서 오히려 잘 하지 않는 말이기도 하다. 잘못한 일이 있어도 "우리 사이에 미안하다는 말을 왜 해?" 하며 상대방이 알아서 이해해주기를 바란다. 하지만 가까운 사이일 수록 서로 더 조심하고 배려해야 관계가 오래 유지될 수 있다.

사랑은 담아두고 저축하는 것이 아니다. 사랑은 표현할수록 힘이 더 커진다. 특별한 일이 없어도 서로 자주 전화하기, 고마운 마음일 들 때마다 "사랑해"라고 말하기, 상대가 나 때문에 언짢아한다면 주저 없이 "미안해"라고 말하기. 이런 작은 습관들이 사랑이 자라는 데 꼭 필요한 영양분이 되어준다.

상대방에게 길들여진다는 것은 내가 먼저 상대에게 맞추려고 노력한다는 뜻이다. 나보다 상대를 먼저 배려하고 더 많이 위할 때 느끼는 충만감이야말로 사랑으로 인해 얻을 수 있는 최고의 감정이다.

우리는 사랑하기 위해 태어났다. 더 많이 배려하고 더 많이 사랑하면 우리가 서 있는 바로 이곳이 천국이 될 것이다.

# 사 랑 의   힘 을   키 우 는   습 관   연 습

## 1  사랑한다는 말은 낭비할수록 좋다

쑥스러워서 사랑한다는 말을 평생 한 번도 안 해봤다면 지금 당장
해보자. 두 번째부터는 훨씬 쉬워질 것이다. 부모님께 사랑한다는 말
한마디 못한 채 부모님이 돌아가시는 것을 생각해보라. 지금 말하지
않으면 앞으로 기회가 없을지도 모른다. 후회하기 전에 지금 바로 전
화해서 부모님께 사랑한다고 말해보자.

## 2  싱글들은 코피 터지게 연애하자

공지영 작가는 젊은이들에게 "20대에는 코피 터지게 연애하라"라고
조언한다. 잠도 안 오고 밥도 못 먹는 연애는 20대에만 할 수 있다는
것이다. 20대가 아니어도 괜찮다. 싱글이라면 나이를 불문하고 코피
터지게 연애해보라. 인생의 즐거움이 무한대로 늘어날 것이다.

# <sup>18</sup> 삶의 기적은 조용한 순간에 찾아온다

## 명상을 통해 '절대 고요'를 즐기자

가장 깊은 감정은 항상 침묵 속에 있다.
― 토머스 무어, 사상가 · 정치가

"이른 아침 작은 새들 노랫소리 들려오면 언제나 그랬듯 아쉽게 잠을 깬다. 창문 하나 햇살 가득 눈부시게 비춰 오고 서늘한 냉기에 재채기할까 말까. 음～."

양희은의 〈가을아침〉이라는 노래의 첫 소절이다. 나는 이런 고요한 풍경이 좋아서 몇 해 전 가을 서울을 버리고 강원도로 이사를 했다.

주변이 조용해지니 마음이 평화로워졌다. 도시의 번잡함과 소음에 시달리던 마음이 차분히 제자리를 찾아갔다. 핸드폰 소리, 자동차 소리에 혹사당하던 두 귀가 거실에 햇살 스며드는 소리까지 들으려고 촉수를 세우고 내 몸의 모든 감각기관들도 고요한 순간들을 환영하는 듯했다.

도시는 수많은 소리로부터 자유롭지 못하다. 가끔은 텔레비전의 볼륨을 확 줄이듯 세상의 모든 소리를 줄여놓고 싶을 때가 있을 정도다. 가끔 아무 말도 하기 싫을 때도 있다. 회의를 하는 것도 싫고 전화통화도 귀찮다.

나는 그럴 때 공원이나 숲으로 간다. 사람들이 만들어내는 소리를 버리고 자연이 만들어내는 소리를 만나면 그렇게 기분이 좋을 수 없다. 가끔 사진을 찍으러 야외에 나갔다 오는 후배는 인적이 드문 시골길, 바람의 움직임에 따라 집단 군무를 추는 보리밭에서 마음의 평화를 얻는다고 한다.

## 생활 속에서 '절대 고요'의 순간을 만들자

사람은 때때로 '절대 고요'의 순간을 즐길 줄 알아야 한다. '절대 고요'란 단지 시끄러운 소음에서 벗어난다는 수동적인 의미가 아니다. 쓸데없는 잡념들과 스스로를 얽매는 자의식에서 벗어나 온전한 자신을 만나는 순간, 그 평온한 시간을 의미한다. 엄마의 자궁 속처럼 편안한 그 시간 속에서 우리는 생명의 에너지를 얻을 수 있다. 하나의 생각이 찾아왔다가 사라지고, 또 다른 생각이 찾아오는 그 공백 속에서 우리의 영혼은 자연스럽게 차오르고, 자의식은 완벽하게 겸허한 상태로 변한다.

절대 고요의 순간을 즐기기 위해서는 의식적으로 소음을 멀리할 수 있는 장소나 시간을 만들 필요가 있다. 인적이 드문 숲이나 공원에서 편안한 마음으로 산책을 즐기는 것도 좋고, 고요한 새벽에 잠깐씩 명상을 하는 것도 권할 만하다. 또한 가끔씩 조용한 예배당이나 사원을 찾아가 기도를 드리고 나면 한결 마음이 평온해질 것이다. 이 모든 것이 여의치 않다면 휴대폰과 전화기를 모두 끈 채, 영혼을 고양시키는 클래식 음악을 틀어놓고 잠깐씩 명상을 하는 것도 좋다.

고요한 장소에 있다고 해서 누구나 긍정의 에너지를 얻는 것은 아니다. 많은 사람들이 잠시의 고요를 못 참고 심심해하며 다시 번잡한 무리 속으로 들어가고자 한다.

진정한 고요를 느끼기 위해서는 연습이 필요하다. 소음에 빼앗긴 에너지를 고요 속에서 채운다는 마음으로 그 순간을 즐겨야 한다. 고요함 속에서 자신을 찾는 연습을 많이 한 사람은 세상 어떤 소음 앞에서도 스스로 고요해질 수 있다.

## 침 묵 과  고 요 를  즐 기 는  습 관  연 습

### 1 고요한 새벽에 명상을 해보자

아무도 일어나지 않은 새벽은 고요함을 느끼기에 가장 좋은 시간이
다. 새벽 명상과 기도를 통해 스스로의 생명력을 인식하는 연습을
해보자.

### 2 도시의 소리보다 자연의 소리에 더 집중하자

새소리, 바람소리, 물소리 등 자연의 생명력 넘치는 소리에 귀 기울
여보자. 생명의 소리는 고요한 순간에 집중해야 더 잘 들을 수 있다.
자연을 찾아가기가 어렵다면 자연의 소리를 담은 mp3 파일을 일하
는 틈틈이 듣는 것도 좋다.

# 19 잡생각에서 벗어나 마음의 평화를 얻는 방법

### 생각의 잡초를 뽑아내자

예수님이 성경에서
걱정하지 말라는 말을 365번 했다고 한다.
그러니까 그게 하루도 걱정하지 말라는 말이라고 한다.
– 공지영, 작가

중요한 광고 카피를 쓰기 시작했는데 갑자기 과거 나한테 몹쓸 짓을 한 사람이 떠오른다. 화가 나고 분노가 치밀면서 카피 쓰는 일에 집중하기가 어렵다. 다시 마음을 다잡고 카피를 쓰려는데 이번 달에 해결해야 할 돈 생각에 마음이 불안하다. 다음 주까지 수금을 못하면 살림살이에 차질이 생길 것 같다. 그 생각에 빠지다 보니 역시 카피에 집중할 수가 없다. 그러다 문득 이런 생각이 들었다.

'나는 왜 다시 돌아오지 않을 과거의 일에 분노하고, 아직 일어

나지도 않은 미래를 걱정하고 있나?'

우리는 하루에도 수십 번씩 불안, 초조, 걱정, 불만, 분노, 욕심, 시기 등의 감정에 휩싸인다. 그리고 이런 부정적인 생각들로 인해 온전히 지켜내야 할 마음의 평화는 더 이상 크지 못하고 쪼그라들고 만다. 돈 걱정을 한다고 돈이 늘어나는 것도 아니고, 일 걱정을 한다고 일이 해결되는 것도 아니다. 오히려 불안과 초조 때문에 매사가 더 꼬이기만 할 뿐이다. 그런데도 우리는 매일 인생의 소중한 시간들을 온갖 걱정과 근심거리에 쏟아붓고 있다.

## 잡초를 뽑듯 부정적인 생각들을 뽑아버리자

우리는 마음속의 평화로운 기운이 쑥쑥 자랄 때 비로소 행복을 느끼게 된다. 그렇다면 마음의 평화를 키우는 일을 마치 농작물을 키우듯이 해보는 것은 어떨까. 농작물을 제대로 키우기 위해서는 항상 농작물의 상태를 관찰하고, 제때 물을 주고, 수시로 잡초를 솎아내주어야 한다. 마음 속 평화를 키우는 것도 마찬가지다. 농작물에게 필요한 영양분을 빼앗아가는 잡초를 뽑아내듯이 평화로운 기운을 해치는 부정적인 감정들을 수시로 뽑아내야 한다.

사람은 하루에 평균 6만 가지의 생각을 한다고 한다. 그 가운데 95퍼센트 이상은 어제도 했고, 그 전에도 했던 걱정과 고민들이다. 그리고 그 걱정과 고민의 대부분은 현실에서 절대 일어나지 않거나 우리 스스로의 힘으로는 해결할 수 없는 것들이다. 어차피 스스로 해결할 수 없는 문제라면 계속 머릿속에 담아두지 말고 잊어버리는 것이 현명하다.

문제가 복잡하고 해결하기 어려울수록 단순하게 생각해서 잡초 뽑듯이 과감하게 뽑아내야 한다. 정성을 들이고 보살펴주어야 하는 농작물에 비해 잡초는 그냥 두어도 참 거침없이 잘 자란다. 그리고 결국 영양분을 독식해서 다른 농작물들을 말라죽게 만든다. 부정적인 생각도 마찬가지다. 부정적인 생각을 그냥 두면 어느 순간 통제할 수 없을 정도로 쑥쑥 자라난다. 따라서 부정적인 생각은 미리미리 솎아내고 뽑아내야 마음속 평화가 더 커지고 인생이 행복해진다.

생각의 잡초를 뽑아내는 방법에는 여러 가지가 있다. 홀로 조용히 명상에 빠져보는 것도 좋고, 산책이나 드라이브를 하면서 기분전환을 시도하는 것도 좋은 방법이다. 신나는 음악을 따라 부르거나 코미디 프로그램에 박장대소하면서 부정적인 생각들을 날려버릴 수도 있다.

생각의 잡초를 뽑아내는 것은 해결해야 할 문제를 회피하는 것과는 다르다. 스스로 해결할 수 없는 걱정과 고민, 일어나지 않을 일에 대한 불안과 두려움을 과감히 벗어던지는 것은 자신의 인생을 스스로 컨트롤하는 중요한 삶의 지혜이다. 생각의 잡초를 자주 뽑아내자. 그래야 우리의 마음에 평화가 자라고 인생이 즐거워진다.

# 잡 념  탈 출 을  위 한  습 관  연 습

## 1 명상을 생활화하자

쓸데없는 생각의 굴레에서 벗어나고자 할 때 잠깐의 명상이 큰 도움
이 된다. 호흡 명상, 걷기 명상, 음악 명상 등 자신의 체질에 맞는 명
상법을 개발하여 습관화하자.

## 2 자주 산책을 하고 조용한 장소를 찾자

잡념이 자연스럽게 흘러나갈 수 있도록 의식적으로 조용한 장소를
찾아 산책을 하자.

# 3부
# 생활의 습관

몸과 마음에 좋은 습관들이 쌓였다면 이제
생활 속으로 들어가보자. 이 장에서는 생
활 현장에서 자기를 사랑하고 긍정하는 습
관들을 소개한다. 평범한 사람들이 가장 실
천하기 좋은 방법들만 모았다. 직접 해보면
쉽고, 재미있고, 효과가 뛰어나다는 것을
알게 될 것이다. 지금 당장 하나씩 행동으
로 옮겨보자.

# 20 부부 사이에도
## 이벤트가 필요하다

**가끔은 아내를 업어주자**

사랑에는 한 가지 법칙밖에 없다.
그것은 사랑하는 사람을 행복하게 만드는 것이다.
— 스탕달, 작가

젖은 손이 애처로워 가끔 손은 잡아줄지언정 아내를 업어주는 남편은 많지 않다. 업어준다고 해도 부부동반 이벤트에서 게임할 때가 고작이다. 결혼하기 전에는 그렇게도 안아주고 업어주고 했던 남편들이 결혼 후에는 완전히 다른 사람이 된다.

나는 결혼 전보다 결혼 후에 아내를 더 많이 안아주고 업어준다. 가족을 위해서 자기가 좋아하는 것도 참고 희생하는데 업어주는 것쯤 뭐가 어렵겠는가. 집안에서 아내를 업고 방과 거실을 한 바퀴

돌면 아이들도 덩달아 신이 나서 깔깔대며 좋아한다. 내 등에 업힌 순간만큼은 아내도 황순원의 소설 「소나기」에 나오는 청순한 소녀로 변한다. 아내를 아줌마로 만들 것이냐 소녀로 만들 것이냐는 순전히 남편의 마음 씀씀이에 달려 있다.

결혼 전 내 아내는 성우를 해도 좋을 만큼 참 낭랑하고 부드러운 목소리를 가졌었다. 그런데 결혼하고 아이를 키우면서 목소리가 조금씩 바뀌어갔다. 아들 둘을 혼낼 때는 가끔 괴성도 튀어나온다. 아들을 혼내는 아내의 목소리를 들으면 내 머리카락까지 하늘로 솟을 정도다. 아들 두 놈이 엄마의 예쁜 목소리를 빼앗아간 것이다.

그나마 얌전하다는 우리 아들들이 이 정도인데, 아들이 셋 이상인 엄마들의 목소리는 과연 어떨까? 이럴 때 나는 시원한 홍초와 매실주스를 타주며 아내의 목소리를 달래준다. 아들 두 놈한테 꿀밤 한 대씩 콩콩 먹이는 건 보너스.

## 최수종만 이벤트하라는 법 있나?

아내 사랑 이벤트에 대해서만큼은 우리나라에서 최수종 씨를 따라갈 사람이 없다. 결혼기념일에 청계산 정상에 사랑한다는 현수막을 내걸었다든가, 아내가 함께 축하노래를 불러줄 여자가 필요하다고 말하자 스스로 여장을 했다는 일화는 정말 혀를 내두르게 한다. 그래서 그렇게 못하는 남편들의 시기와 질투가 이만저만이 아니다.

간혹 너무 오버한다거나 남들에게 보여주기 위해서 그렇게 한다는 등의 이야기를 하는 사람들도 있지만, "아내 사랑에는 유효기간이 없다"라는 최수종 씨의 말에서 그의 진정성이 느껴진다.

결혼을 했다고 해서 혹은 나이가 들었다고 해서 부부가 서로 사랑 표현을 하지 않고 점잖아질 이유는 없다. 최수종 씨처럼 거창한 이벤트는 못하더라도 연애 때처럼 손도 잡고 다니고, 가끔은 업어주면 어떨까?

부부는 인생이라는 장기 레이스를 함께 달리는 동반자다. 남들에게 잘해주려고만 하지 말고 가장 가까이 있는 아내와 남편을 행복하게 만들 궁리를 하자. 특히 오래 산 부부일수록 스킨십 횟수도 늘리고 이벤트도 자주 하는 것이 좋다. 쑥스럽다고 미루지 말고, 오늘 당장 아내 업어주기부터 시작해보자.

# 부 부 가 함 께 실 천 하 는 습 관 연 습

## 1 부부가 함께 할 수 있는 운동을 찾자

남편은 골프, 아내는 수영장으로 따로국밥처럼 놀지 말고 함께 할 수 있는 운동을 찾아보자. 배드민턴이나 테니스, 등산 등은 가장 부담 없이 함께 할 수 있는 운동이다. 당구도 의외로 부부가 함께 하기에 좋다.

## 2 라디오에 사랑고백 사연을 보내자

부부끼리 혹은 부모님이나 자녀에게 전하는 사랑의 사연을 라디오에 보내보자. 좀 쑥스럽긴 하지만 여러 사람이 듣는 매체를 통해 사랑의 메시지를 듣는 것은 돈으로 살 수 없는 큰 감동과 흥분을 선사한다.

# 21 손 편지로 특별한 마음을 전하자

**가끔은 이메일 대신 손으로 편지를 써보자**

편지는 '내가 당신을 기억하고 있다'는 것을
알리는 최고의 도구이다.
– 윤성희, 『기적의 손편지』 중에서

막내 녀석이 유치원 때 받아온 연애편지에 온 식구가 뒤집어진적
이 있었다. 서울에서 학교 다닐 때는 "나만 바라보며 웃어줘"라는
연애편지를 받아오더니 강원도에 내려와서는 "나랑 결혼해줘"라는
프러포즈 편지를 받아온 것이다. 아빠를 훨씬 뛰어넘는 막내 녀석
의 인기가 괜히 뿌듯하고 편지를 써서 보낸 여자 아이의 마음도 예
뻐 보였다.

　내 아내는 편지 쓰는 걸 좋아한다. 친구에게든, 가족들에게든 고

민이나 하고 싶은 이야기가 있으면 옛날 편지지 3~4장에 꼼꼼하게 적어 보낸다. 요즘은 동네에 우체통이 거의 사라져서 출퇴근길에 나에게 심부름을 시키는데, 아내 대신 우체통에 편지를 넣는 기분도 참 색다르다.

요즘은 이메일과 핸드폰 문자가 일상화되다 보니 손으로 편지를 쓰는 사람이 거의 없다. 하지만 이메일에 찍힌 컴퓨터 글씨체는 아무리 따뜻한 말을 적어도 왠지 속 깊은 진심이 잘 전달되지 않는다. 그래서 일상적인 안부나 일 관계로 메일을 보내는 게 고작이고, 소소한 감정 표현은 쉽게 전할 수 없다.

반면 직접 손으로 쓴 편지에는 보낸 사람의 마음결이 담겨 있어서 좋다. 손 편지는 쉽게 지우고 다시 쓸 수 없기 때문에 글을 쓰는 내내 말을 곱씹게 된다. 그리고 마음을 가장 잘 표현하는 단어와 문장을 선택해 한 자 한 자 적어 나간다. 그래서 손 편지를 받는 사람은 편지의 내용뿐만 아니라 편지를 쓴 사람의 각별한 마음까지 고스란히 전달받게 되는 것이다.

## 쓰는 사람은 설레고, 받는 사람은 감동한다

지금 마음속에 떠오르는 사람이 있다면 그 사람에게 편지를 써 보자. 결혼을 했다면 아내나 남편에게 연애편지를 써도 좋고, 아이들에게 사랑의 편지를 써도 좋다.

전화로 할 수 없는 이야기들을 편지로 전해보자. 사과해야 할 상대가 있다면 편지에 진심을 담아 사과하자. 말은 가볍지만 글은 무겁다. 말로는 하기 힘든 섬세한 표현과 감정들을 글로는 전할 수 있다. 쓰는 나는 설레고, 받는 상대는 감동에 젖는다.

초등학교 동창에게 편지를 쓰면, 편지를 쓰는 동안엔 학창 시절의 아름다운 추억들이 솔솔 피어나며 즐거운 상상에 빠져들게 된다. 부모님과 옛 스승님께는 자주 찾아뵙지 못하는 죄송스러움을 담아 편지를 쓰자. 편지를 받아든 부모님과 스승님은 평소에는 느끼지 못한 당신의 속마음에 감동할 것이다.

손으로 또박또박 써내려간 편지는 분명 자신을 돌아보게 하고 인생을 더 긍정적으로 살게 하는 힘을 준다. 손으로 쓴 편지의 힘을 직접 느껴보자. 작은 엽서라도 좋다. 오늘 내 진심을 담아 소중한 사람에게 보내보자.

## 편 지 쓰 기 를   통 한   습 관   연 습

**1  아빠의 편지를 받아 본 아이가 더 감성적으로 자란다**
직접 쓴 편지로 자녀들과의 사라진 대화의 문을 열어보자. 그동안 미처 몰랐던 아이들의 속마음을 알게 될 것이다.

# 22 나 홀로 독서에서 더불어 독서로

**'친구 독서', '부부 독서'를 시작해보자**

긴 하루 끝에
좋은 책이 기다리고 있다는 생각만으로
그날은 더 행복해진다.
— 캐슬린 노리스, 작가

난 책 광신론자다. 살면서 여러 번 책의 효용성과 독서의 힘을 뼛속깊이 느꼈기 때문이다. 외로웠던 유년기, 미래에 대한 불안으로 방황하던 청춘시절, 의도하지 않은 사고로 자책과 두려움에서 헤어나지 못했던 몇 년 전까지, 매번 나에게 희망의 빛을 비춰준 것이 책이었다. 외로울 때나 슬플 때, 좌절할 때 나는 책에서 힘을 얻었고, 어떤 길을 걸어가야 할지 막막할 때도 책에서 길을 찾았다. 책은 나에게 스승이었고, 친구였고, 에너지였다.

# '나 홀로 독서'에서 '더불어 독서'로

예전에 나는 책은 혼자 읽는 것이라고 생각했다. 영화나 드라마를 보거나 스포츠 경기를 관람하는 것은 여럿이 어울려 할 수 있지만 책은 혼자서 읽어야 한다고 생각했다. 나에게 책을 읽는 순간만큼 아무에게도 방해받지 않는 소중한 시간이고, 책의 저자와 대화를 나누는 특별한 기회였기 때문이다. 그런데 독서 경력이 점점 쌓여가면서 자연스럽게 나 홀로 하는 독서에서 함께 나누는 독서로 발전하기 시작했다.

가장 먼저 블로그를 통해 함께 나누는 독서를 시도했다. 내가 읽은 좋은 책과 마음에 남는 구절을 올리고 감상평을 실었다. 내 글에 공감하는 댓글들이 올라오고 온라인이라는 창구를 통해 모르는 사람들과 책에 대한 감상을 공유하게 되었다. 서로의 '밑줄'을 공유하고 서로의 독서 리스트를 나누었다. 그것이 '나 홀로 독서'에서 '더불어 독서'로 가는 첫걸음이었다.

서로 같은 책을 읽은 것은 그 자체로 특별한 경험이다. 그리고 그것을 다른 사람과 공유하는 과정에서 독서의 폭이 더욱 확장된다. 이렇게 책을 매개로 한 친구들이 점점 많아지면서 책 내용뿐만 아니라 책 이야기를 나누는 과정에서 나는 많은 것을 배우고 성장하게 되었다.

## '친구 독서'에서 '부부 독서'로

최근에는 '친구 독서'에서 한 단계 더 나아가 '부부 독서'를 시작했다. '이거 꽤 좋은 책이네' 하는 생각이 들면 가장 먼저 아내에게 읽어볼 것을 권한다. 내가 밑줄 친 부분을 읽으며 아내는 내가 어떤 생각에 공감하는지 알게 되고, 간혹 밑줄에 자신의 의견을 덧붙여놓기도 한다. 아내가 책을 다 읽고 나면 책에 대한 이야기를 나누고, 서로 밑줄 친 문장이나 적어놓은 글귀들을 공유한다.

함께 읽은 책이 여러 권 쌓여가다 보니 일상적인 대화에서도 화젯거리가 훨씬 많아졌다. "이건 지난 달 읽은 ○○ 책에 나왔던 내용이네", "나는 ○○ 책에 나온 이 말이 참 좋아" 등의 대화를 나누며 책을 매개로 다양한 이야기를 나누게 된 것이다.

부부가 함께 책을 읽는 것은 아이들에게도 상당히 긍정적인 영향을 준다. 우리 부부가 서로에게 권해준 책 중에서 읽기 쉬운 편에 속하는 문학이나 에세이 류는 두 아들도 같이 읽어보곤 한다. 머지않아 '부부 독서'에서 '가족 독서'로 나아갈 듯하다.

책의 효용과 독서의 중요성에 대해 이야기하는 사람들은 너무나 많다. 그러나 직접 경험하고 느끼지 못하면 아무리 좋은 효과도 내 것으로 만들 수 없다. 아직 독서 습관을 갖지 못했다면 지금부터라도 취향에 맞는 책부터 시도해서 조금씩 독서량을 늘려가보자. 그러다 어느 정도 독서의 재미를 알게 되면 나 홀로 독서에서 더불어 독서로 진화해가는 것이 좋다. 독서의 효과가 큰 폭으로 상승할 것이다. 이것이 책 광신론자인 내가 찾은 독서를 통한 자기계발의 긍정적 진화 단계이다.

## 생 산 적 인  독 서 를  위 한  습 관  연 습

**1 어려운 책으로 스스로를 혹사시키지 말자**

억지로 하는 독서는 오히려 정신 건강에 해롭다. 독서에 재미를 붙이려면 무엇보다 자신의 취향과 수준에 맞는 책을 골라야 한다.

**2 좋은 문장은 메모하면서 읽자**

좋은 글을 발견했다면 그냥 흘려보내지 말고 꼭 메모를 하자. 책벌레에서 글쟁이가 된 사람들의 대부분은 스스로 감탄한 내용을 꼼꼼히 적어두었다가 훗날 자기 것으로 재탄생시킨 사람들이다.

**3 거실에 TV를 없애고 책장을 들여놓자**

거실에 빈 책장을 준비하고 수시로 책을 채워넣자. 책이 가까이에 있으면 지혜의 스승들을 좀더 쉽게 만나게 된다.

# 23 박찬호도 가족의 힘으로 재기했다

### 패밀리스트가 되어보자

가정은 고달픈 인생의 안식처요,
모든 싸움이 자취를 감추고 사랑이 싹트는 곳이다.
큰 사람이 작아지고, 작은 사람은 커지는 곳이다.
이곳에서 우리는 모든 것을 맡길 수 있고
서로 의지하며 사랑받을 수 있다.
— 허버트 조지 웰즈, 작가

나는 자칭 패밀리스트(familist, 가족주의자)이고, 나의 취미는 가족이다. 세상의 문법에는 안 맞는 말이지만 내 삶의 어법에는 딱 들어맞는 말이다. 내 인생 최고의 목표는 가족의 행복이고, 나의 모든 즐거움은 가족의 행복과 그 궤를 같이 한다.

어떤 이는 우리의 삶에서 중요한 것은 무엇을 손에 쥐고 있느냐가 아니라 누가 곁에 있느냐라고 했다. 광고주에게 뺨맞고, 카피에 발 걸리고, 사람들에게 치이다가 현관문을 열고 집에 들어설 때

아내의 미소와 아이들의 웃음소리가 얼마나 힘을 주는지는 경험해 본 사람만이 안다.

## 세상을 살아갈 자신감은 가족에게서 나온다

한국 최초의 메이저리거인 박찬호에게도 참 힘겨운 시기가 있었다. 선발투수 자리에서 밀리고, 어느 한 곳도 불러주는 팀이 없을 때 그는 가족에게서 힘을 얻었다고 한다. 당시 박찬호는 자신의 홈페이지에 "아빠 말이라면 잘 듣는 애린이 때문에 삶의 에너지가 생긴다"라는 글을 남겼다. 박찬호가 가족의 힘을 느끼게 된 것은 피터 오말리 LA 다저스 전 단장의 충고를 들으면서부터다.

오말리 단장은 박찬호가 대량 실점을 하고 힘들어할 때 "야구가 잘 안 풀리더라도 가족이 아플 때보다 괴롭지 않을 것이다. 가족이 안전하게 잘 지내는 것에서 행복을 얻어라"라고 조언했다. 박찬호는 이 말을 듣고 마음이 가벼워졌고, 이후 좋은 투구를 할 수 있게 되었다고 한다. 오말리 단장의 충고는 우리처럼 평범한 사람에게도 유효하다.

"폭풍우 몰아치는 세상으로 나가는 아들아. 세상은 끊임없이 네 믿음을 저버릴 것이요, 쉴 새 없이 널 다치게 할 거다. 그때 기억해 다오. 집은 언제라도 돌아와 세상에 맞서 싸울 힘을 충전할 수 있는 곳이라는 것을!"

소설가 최인호 씨가 성년이 된 아들에게 남긴 글이다. 가족의 의미, 집의 역할을 다시 한 번 생각하게 한다.

## 온 가 족 이 함 께 하 는 습 관 연 습

**1 우리 가족만의 요리책을 만들자**

엄마의 집밥 레시피, 아빠의 특별 요리법을 담은 요리책을 만들어보자. 요리에 얽힌 이야기도 함께 담아 우리 집만의 특별한 음식 문화사를 만들어서 손자손녀에게도 선물하자.

**2 부부역할을 바꿔서 해보자**

한 달에 한 번 일요일마다 남편은 부인의 일을 하고, 부인은 남편의 일을 해보자. 남편이 식사와 청소를 도맡고, 부인은 운전을 하고 아이들과 놀아준다. 입장을 바꾸면 서로를 더 잘 이해할 수 있다.

**3 가끔 가족 앨범을 꺼내보자**

손이 잘 닿는 곳에 가족 앨범을 두고 가끔씩 펼쳐보자. 블로그나 홈페이지에 저장해둔 사진을 보는 것도 좋지만, 앨범을 펼쳐놓고 둘러앉아 가족사진을 보면 왠지 더 애틋한 마음이 생긴다. 몇 년 전 가족의 모습과 지금을 비교하면서 이야기꽃을 피워도 좋다.

# <sup>24</sup> 버려야 새것이 들어온다

**청소만 잘해도 인생이 바뀐다**

사람은 눈에 보이는 것에 자신의 마음도 닮아가는 존재다.
복잡하고 혼잡스러운 환경을 청소하거나 정돈함으로써
머릿속과 마음속이 똑같이 청소되고 정돈된다.
— 가기야마 히데사부로, 일본 옐로우햇 창업주

나는 매일 아침 청소기를 돌린다. 출근하기 전에 집안 구석구석의 먼지를 청소하는 것이 중요한 일과이자 아침 운동이 되었다. 처음 청소기를 돌릴 때에는 그저 몸이 힘들고 귀찮았는데 습관이 되다 보니 이제는 하나의 의식처럼 되었다. 청소를 하면서 나쁜 기운들은 다 빠져나가고 좋은 기운들만 들어오라고 집안의 행복을 기원한다.

회사에서 일이 잘 안 풀릴 때는 서랍 정리를 한다. 필요 없는 물건이나 자료를 버리고 구석구석 먼지를 닦아내고 나면 기분 전환이 되고, 복잡하게 꼬인 문제들도 하나씩 정리되면서 풀린다.

풍수 인테리어 전문가들이 성공과 행복을 위해서 해야 할 일로 가장 강조하는 것이 바로 주변을 깨끗하게 청소하는 것이다. 집안이나 서랍의 쓰레기들이 좋은 기운을 막기 때문이다. 서랍을 청소하고 책상 위를 깨끗이 정리정돈하면 마음속의 더러운 생각들도 시원하게 빠져나간다.

지금 자신의 책상 서랍을 열어보자. 필요 없는 잡동사니들이 많이 쌓여 있을 것이다. 책상 위에는 다 처리하지 못한 일 관련 자료들이 널브러져 있고, 서랍 속에는 먹다 남긴 과자나 혹은 신던 양말이 들어 있을지도 모른다.

책장 속에는 한 페이지도 보지 않은 책들이, 찬장 안에는 안 쓰는 그릇들이 몇 년째 자리만 차지하고 있을 수도 있다. 필요한 사람들에게 나눠주면 소중하게 재활용될 물건들이 먼지만 쌓인 채 쓰레기나 짐 취급을 받고 있는 것이다.

## 청소가 인생을 역전시킨다

"사람은 눈에 보이는 것에 자신의 마음도 닮아가는 존재다. 복잡하고 혼잡스러운 환경을 청소하거나 정돈함으로써 머릿속과 마음속이 똑같이 청소되고 정돈된다."

일본의 대표적인 청소업체 옐로우햇의 창업주 가기야마 히데사부로 씨의 말이다.

청소력에 대해 강조한 또 한 사람인 마스다 마쓰히로는 청소만 잘해도 고민거리나 문제가 호전되고, 사업이 번영하며, 행복한 가정과 꿈의 실현 등이 가능하다고 주장한다.

그의 주장에 의하면 방이 깨끗한 사람은 행복이 배로 증가하고, 방이 더러운 사람은 불행한 일이 더욱 증폭된다고 한다. 쓰레기는 마이너스 에너지라서 불행을 초래하기 때문이라는 것이다. 부채, 이혼, 실망, 무기력 등은 더러움이 만든 프로세스고 반대로 결혼, 사업 성공, 취직 등은 청소를 통해 달성할 수 있는 플러스 프로세스다. 청소를 하는 것만으로도 인생이 엄청나게 달라질 수 있음을 마스다 마쓰히로 씨는 역설한다.

컴퓨터 바탕화면에 작업 파일들이 코 푼 휴지처럼 널려 있으면 컴퓨터 작업 속도도 느리고 고장도 잘 난다. 냉장고도 오래된 음식으로 꽉 차 있으면 전기세가 마구 올라간다.

청소력 이론에 따르면 쓰레기는 필요 없는 물건이면서 동시에 인생의 부정적인 장애물이다. 책상 속 쓰레기를 버리고, 컴퓨터 바탕화면의 안 쓰는 파일을 없애는 것만으로도 인생의 장애물을 하나씩 제거한 것과 마찬가지다.

청소는 평범한 사람들이 자신의 인생을 손쉽게 변화시킬 수 있는 방법이다. 필요 없는 것은 무엇이든 쌓아놓지 말고 그때그때 처리하자. 그 사소한 행동 하나만으로도 우리의 앞날은 좀더 순조로워질 것이다.

## 비 움 을 통 한 습 관 연 습

### 1 깨끗한 부엌이 집안에 행운을 불러온다

풍수설에 따르면 부엌은 금전운을 관장하는 장소여서, 부엌이 지저분하면 돈이 안 모인다고 한다. 굳이 풍수설에 따르지 않더라도 부엌이 지저분하면 위생에도 좋지 않고 심하면 건강을 해칠 수도 있다.

### 2 유효기간이 지난 정보는 제때 버리자

오래된 여행 팸플릿, 몇 달 전 신문, 6개월 전 카탈로그, 3년 전 지도책, 학창시절 참고서, 이제는 더 이상 갖고 있지 않은 기계의 사용설명서 등은 모두 버리자. 유효기간이 지난 정보를 제때 처리하지 않으면 새로운 정보를 받아들이기도 어렵다.

# 25 꿈을 쓰면 기적이 시작된다

## 지금 당장 노트 세 권을 준비하라

당신이 이루고 싶은 일들을 종이에 쓰는 순간,
삶은 마법으로 빠져든다.
— 헨리에트 앤 클라우저, 『종이 위의 기적, 쓰면 이루어진다』 중에서

몇 년 전 일 때문에 신사동 거리를 거닐다가 문구점이 눈에 띄어 들어갔다. 조금 비싸지만 고급스럽고 크기도 적당한 노트 세 권과 필기감이 좋은 펜 한 자루를 샀다. 평소에 워낙 문구 쇼핑을 좋아하기도 하지만 이날의 쇼핑에는 다부진 의도가 있었다. 사무실로 돌아와 노트 세 권을 펼쳐놓고 한 권씩 특명을 부여했다. 내 인생 후반기를 바꿀 특별한 임무.

첫 번째 노트는 내가 원하는 바를 적어두는 목표달성 노트로 정

했다. 그리고 노트 첫 장에 "목표가 명확해야 꿈을 달성할 수 있다"라는 헤드라인을 도장을 새기듯 또렷하게 적어넣었다.

나는 가장 먼저 "2년 안에 텃밭이 있는 예쁜 전원주택을 갖겠다"라는 목표를 적었다. 그리고 "매일 1시간씩 운동을 해서 1년 안에 두둑한 뱃살을 박태환처럼 탄탄한 복근으로 바꾸겠다"라는 다소 무모한 목표도 적었다.

목표가 모호한 사람이 꿈을 이루기는 쉽지 않다. 내가 무엇을 원하는지, 무엇을 갖고 싶은지, 어떤 사람이 되고 싶은지도 모른 채 인생을 살아가는 사람은 등불 없는 어둠 속을 걸어가는 것과 같다. 보통 이런 사람들은 자신보다 다른 사람의 삶에 관심이 많다. 나만의 기준이 없기 때문에 끊임없이 상대와 나를 비교하고, 사소한 것에 연연해하면서 일희일비하는 짧은 호흡으로 살아간다.

목표달성 노트에 거창한 목표들만 적어넣을 필요는 없다. 당장 오늘부터 바꿀 수 있는 사소한 습관이나 매일 되새겨야 할 마음가짐, 하루 30분 정도만 투자하면 실천할 수 있는 작은 목표를 여러 개 정하는 것이 좋다. 작은 것부터 하나씩 해나가다 보면 점차 자신감이 생기고, 그 시간들이 쌓여 처음에는 좀 황당하던 목표도 어느 순간 이루어지기 때문이다.

두 번째 노트는 변화관리 노트이다. 나는 첫 장에 "미래를 바꾸는 유일한 방법은 현재를 변화시키는 것이다"라고 적었다. 성격을 어떻게 리모델링할 것인지, 능력을 어떻게 재개발할 것인지, 인간관계를 어떻게 재건축할 것인지에 대해 스스로의 처방전을 적어넣었다.

마지막 노트는 감사노트로, 세 권의 노트 중에서 가장 정성을 다해 적어넣었다. 화목한 가족을 이룰 수 있어서 감사하다고, 마음을 나누고 도움을 주고받는 주변 사람들이 있어서 감사하다고 적었다. 무엇보다 지금 이 순간 세상을 즐겁게 살아갈 수 있는 건강한 몸과 마음을 갖고 있다는 사실에 감사하다고 적었다.

이렇게 특명을 부여한 세 권의 노트가 내게는 유비, 관우, 장비처럼 든든하다. 누구나 쉽게 살 수 있는 평범한 노트지만 나에게는 매일매일 마음을 다잡게 해주고, 달려갈 목표를 정확하게 제시해주고, 긍정적으로 모든 것에 감사하는 마음을 갖게 해준다.

꿈을 글로 쓰면 그 꿈이 이루어진다는 말이 있다. 꿈을 마음속으로 생각만 할 때에는 막연하던 것이 글로 쓰다 보면 점점 구체적이고 현실적으로 정리되어가는 것을 느끼게 된다. 성공한 많은 사람들은 이렇게 말한다.

"목표를 종이에 써라. 그리고 매일 반복해서 바라보고 되뇌어라."

나는 교통사고가 났을 때도, 복잡한 문제에 부딪혔을 때도 모든 일이 다 해결된 이후의 상황을 상상하며 노트에 적곤 했다. 조금은 허무맹랑하고 유치해 보이더라도, 스스로 결연한 의지를 확인하기 위해서 그런 노력이 필요했다. 그리고 그러한 순진한 노력이 어려운 상황을 견디는 데 큰힘이 되어주었다.

오늘 당장 마음에 드는 노트 세 권을 사자. 그리고 거기에 자신이 갖고 싶은 것, 되고 싶은 것, 감사한 일들을 써보자. 그 작은 노력이 인생의 선순환을 만들어가는 데 출발점이 되어줄 것이다.

## 글 쓰 기 를  통 한  습 관  연 습

**1  세 줄짜리 일기부터 쓰기 시작하자**

요즘 트위터를 하는 사람들이 많다. 트위터는 쓸 수 있는 글자 수가 140자로 제한되어 있다. 일기 쓰기가 부담스럽다면 먼저 트위터식 일기 쓰기를 해보자. 하루에 세 줄이면 충분하다.

**2  시간이나 형식에 구애받지 말고 일단 쓰기 시작하자**

자신의 생생한 감정들을 즉석에서 바로 글로 옮겨 적자. 아침에 일어나자마자 써도 좋고, 스트레스를 받은 그 순간에 써도 좋다. 대중교통으로 이동 중에 휴대폰 메모장 안에 써넣어도 좋다.

# 26 그림에 몰입하는 순간, 스트레스가 사라진다

**그림에서 긍정 에너지를 충전하자**

열등감을 갖기보다 현실을 인정하고
할 수 있는 것을 찾아야 합니다.
그림의 경우 치유 효과도 있어서
사고 이후 12년간 꿔온 악몽이 어느 순간 사라졌습니다.
— 석창우, 의수화가

나는 가끔 머리가 복잡할 때 스케치북을 펴고 그림을 그린다. 미야자키 히야오의 애니메이션을 따라 그리기도 하고 고흐나 박수근의 그림을 모사하기도 한다. 한참 동안 그림 그리기에 집중하다 보면 잡념이 사라지고 두통도 말끔해진다.

나는 결코 그림을 잘 그리는 편이 아니다. 내가 그림을 그리는 이유는 정신의 휴식을 위해서다. 어느 날 답답하고 불안한 마음을 가다듬기 위해 그림을 그려봤는데 마음이 편안해지고 화가 가라앉는 것을 경험했다. 그 이후에는 간단한 낙서 도구를 가지고 다니면서 생각을 정리하거나 기분 전환이 필요할 때마다 손 가는 대로 그림을 그린다. 매일 새로운 아이디어를 짜내야 하는 카피라이터 중에는 이렇게 낙서나 그림 그리기를 통해 복잡한 머리를 잠시 쉬게 하는 사람들이 꽤 있다.

한때 네티즌들 사이에서는 '치유 그림'이 인기를 끌었다. 건국대학교 멀티테라피학과의 장성철 교수의 그림으로, 일정한 색과 도형을 반복적으로 사용해 마음을 안정시키는 효과가 있다고 알려졌었다. 그의 그림 중에는 두통에 좋은 그림, 감기 초기에 효과가 있는 그림, 긴장을 완화시켜주는 그림, 심지어는 설사와 변비에 좋은 그림도 있었다. 당시 그림의 치유 효과를 기대하며 자신의 블로그나 홈페이지에 그 그림들을 옮겨 담는 네티즌들이 참 많았던 것으로 기억한다.

## 그림은 창조자의 희열을 맛보게 해준다

어릴 때는 누구나 자주 그림을 그린다. 아이들에게 그림 그리기는 하나의 놀이이자 자신의 생각을 표현하는 방법이다. 그러나 글을 배우고, 학교에 가고, 어른이 되면서 점점 그림 그리기와 멀어진다. 그림은 화가나 예술가들만 그리는 것으로 여기고, 말과 글로만 소통하려고 한다. 하지만 그림의 효과는 우리가 생각하는 것보다 훨씬 강력하다.

　그림 그리기의 매력 중에 하나는 창조자로서의 희열을 맛볼 수 있다는 것이다. 화가들은 아무것도 없는 백지 위에 새로운 우주를 창조하고, 절대자의 위치에 서서 자신만의 질서를 부여한다. 따라서 그림을 그리다 보면 창의력과 상상력이 높아지는 것은 물론이고 어느 순간 스스로의 한계를 넘어서는 놀라운 경험을 하게 한다.

　또한 그림을 그리는 동안에는 쉽게 몰입을 경험할 수 있다. 사소한 걱정과 불안, 두려움에서 잠시 벗어나 자신만의 세계에 머물면서 긍정의 에너지를 충전할 수 있다. 많은 사람들이 그림을 통해 마음의 안정과 평화를 얻는다.

　일상생활 속에서 간단한 낙서나 이미지 작업만으로도 그림의 효과를 경험할 수 있다. 회의를 할 때 중요한 내용을 글로만 적지 말고 그림과 함께 메모해두면 나중에 기억하기도 쉽고, 아이디어를 발전시키는 데도 효과적이다. 많은 회사에서 마인드맵을 업무에 활용하는 것도 이러한 이유 때문이다.

# 그 림  그 리 기 를  통 한  습 관  연 습

## 1 좋아하는 그림을 베끼며 몰입의 즐거움을 느껴보자

그림 그리기에 익숙하지 않은 사람은 다른 사람의 그림을 따라 그리는 것부터 시작하면 좋다. 명화도 좋고, 만화도 좋다. 좋아하는 그림을 베끼다 보면 어느 순간 자연스럽게 자신만의 그림을 그리고 싶어질 것이다.

## 2 미술관에 가면 허전한 마음이 치유된다

우울하고 삶이 힘들 때는 미술관에 가자. 그림을 이해하고 분석하려고 하지 말고, 그냥 가슴으로 받아들이자. 여유를 갖고 차분히 1시간 정도 그림을 보고 나면 마음이 차츰 편안해지고 안정되는 것을 느낄 수 있다.

## 3 생활 속 가까운 곳에 그림도구를 놓아두자

스케치북이나 연습장 한 권, 연필 하나면 충분하다. 각자의 생활 영역 가까이에 그림도구를 두고 마음이 울적할 때 언제든지 그림에 빠져들자.

# <sup>27</sup> 여행, 남들 안 가는 곳으로 가자

## 자신만의 추억 여행을 계획하자

여행은 나그네처럼 나아가는 것이다.
그것이 꼭 관광지일 필요는 없다.
여행은 예측 불허한 것이며, 변화무쌍한 것이다.
– 이용하, 시인

사람들이 많이 찾는 관광지는 대개 비슷하다. 에펠탑 앞에서 찍은 사진은 사람만 바꿔놓으면 별반 다를 게 없다. 포토샵 기술이 발달한 요즘은 그런 사진쯤이야 얼마든지 조작할 수 있다. 그래서 아무리 유명한 여행지에서 찍은 사진을 봐도 우리는 별다른 감흥을 느끼지 못한다.

브랜드 아파트에 살고, 명품 가방을 사듯 다른 사람에게 자신의 인생을 과시하기 위해 여행을 떠나는 사람은 여행의 목적과 이유를 잘못 알고 있는 것이다.

여행은 자기 자신을 만나기 위해 떠나는 것이다. 우리는 낯선 곳, 낯선 사람들 속에 있을 때 자기 자신에 대해 더욱 잘 알게 된다. 낯선 환경에서는 매일 습관적으로 하던 일들이 새로운 이유와 의미를 갖고 다가오기 때문이다. 이런 의미에서 여행은 남들에게 보여줄 특별한 이력을 얻으러 가는 것이 아니라 진정한 자신의 모습을 알기 위해 떠나는 것이다.

나는 예전에 TV 다큐멘터리 〈아마존의 눈물〉과 〈북극의 눈물〉을 보면서 언젠가 저런 곳에 꼭 가보고 싶다는 생각을 했다. 볼리비아의 우유니 소금사막, 히말라야 산맥에 자리한 라다크, 헨리 데이비드 소로우의 책 『월든』에 나오는 호수도 꼭 가보고 싶은 곳이다.

누구나 책을 읽거나 TV를 볼 때 강하게 끌리는 곳이 있을 것이다. 내 몸속 유전자가 신호를 보내는 곳, 여행은 그런 곳으로 가야 한다. 남들이 찍어놓은 발자국에 내 발 사이즈 맞춰가며 돌아다니는 것이 아니라 내 마음이 움직이는 곳으로 떠나는 것이 진짜 여행이다.

## 여행은 콘텐츠와 만나야 그 감동이 깊어진다

사람들이 영화나 드라마 촬영 장소를 찾는 이유는 아름다운 풍경 때문이 아니라 그곳과 관련된 이야기에 끌리기 때문이다. 그래서 오랫동안 추억으로 남은 여행은 스토리가 있는 여행이다. 스무 살 생일 날 성년이 된 스스로를 자축하며 떠난 여행, 정말 원하던 곳에 취직이 확정되어 사회인으로서 새로운 출발을 기념하며 떠난 여행처럼 나만의 특별한 의미가 있는 여행을 계획하고 실행해보는 것이 좋다.

여행은 여럿이 가는 것보다는 혼자 가는 것이, 주마간산 식으로 유명한 곳만 들르기보다는 시간을 두고 구석구석 들여다보는 것이 좋다. 거창하게 짐 싸들고 가는 것만이 여행이 아니다. 자전거를 타고 온종일 돌아다니는 것도 여행이다. 잘 모르는 시골길을 혼자 걸어가는 것도 여행이다.

여행도 일종의 습관이라서 시간이 날 때마다 가까운 곳이라도 훌쩍 떠나다 보면 좀더 고차원적인 여행의 기술을 얻을 수 있다. 지금 당장 떠나기 힘들다면 틈틈이 떠날 준비를 하자. 여행은 떠나기 전의 그 설렘마저도 좋은 에너지가 된다.

## 여 행 을 통 한 습 관 연 습

### 1  자전거로 국토일주를 해보자

동해에서 시작해서 남해를 거쳐 서해를 타고 올라와보자. 체력적인
한계를 극복해가며 하는 여행은 살아가면서 두고두고 특별한 추억
이 되고, 힘든 고비마다 삶에 대한 열정을 불러일으켜줄 것이다.

### 2  스스로에게 한 달간 여행 휴가를 주자

1~2년에 한 번 정도는 안식년 삼아 스스로에게 한 달간의 여행 휴
가를 주자. 한 달 정도면 느긋하게 세상을 구경할 수 있다.

### 3  남들이 잘 가지 않는 오지여행도 시도해보자

자연에 가까운 삶을 사는 아프리카나 티베트 등 오지를 다녀오면
자신의 내면이 더 풍요로워진다.

# 28 혼자 노래방에 가봤니?

**삶이 지칠 땐 신나게 노래를 불러보자**

심각한 질병을 앓는 사람에게도
음악은 완벽한 안식처가 된다.
— 호세 카레라스, 성악가

추적추적 비는 내리고 일은 하기 싫고 마음은 울적한 어느 날, 나는 느닷없이 노래방으로 발걸음을 옮겼다. 졸음이 몰려올 즈음인 오후 2시에서 4시 사이. 이 시간에는 노래방을 찾는 사람이 거의 없어서 가격도 절반으로 깎아준다. 나는 혼자서 방 하나를 차지하고 부르고 싶은 노래를 마음껏 불렀다. 비와 어울리는 발라드부터 가라앉은 기분을 다시 띄어줄 댄스곡까지. 마이크를 빼앗아가는 사람도 없고, 노래를 못 부른다고 흉볼 사람도 없었다.

온갖 감정을 다 잡으면서 1시간 동안 실컷 노래를 부르고 나니 답답했던 마음이 시원하게 뚫리는 기분이 들었다. 그렇게 마음속에 담아두었던 나쁜 감정들을 다 쏟아내고 다시 사무실로 돌아와 업무에 집중했다. 직장 동료들은 내가 잠시 외근을 나갔다 온 것으로 알고 있었다. 그렇게 나는 아무도 모르게 감쪽같이 스트레스를 풀수 있었다.

## 음악은 긴장을 풀어주고 일의 능률도 높여준다

오랫동안 홀로 일하는 사람들에게는 라디오가 가장 친한 친구다. 나도 밤샘 작업을 해야 할 때는 어김없이 라디오를 틀어놓는다. 라디오 진행자들만큼 그 시간과 계절에 어울리는 노래를 잘 알고 있는 사람도 드물다. 스산한 가을 밤 가수 이용의 〈잊혀진 계절〉을 들으며 감상에 젖기도 하고, 강산에의 〈넌 할 수 있어〉를 들으며 힘겨운 시간을 이겨내기도 한다. 음악은 세상에서 가장 아름다운 위로라는 말이 실감되는 순간이다.

특히 단순 작업을 반복하는 직업을 가진 사람들이나 온종일 차 안에서 일해야 하는 택시 기사 분들에게는 라디오가 친구이자, 피로 회복제다. 때로는 신나게, 때로는 한껏 감정을 잡으며 라디오에서 나오는 노래를 따라서 흥얼거리다 보면 힘든 일도 어느새 끝나 있고, 길고 긴 하루도 지나간다.

# 악기 연주를 시도해보자

퇴근길, 대금 연주자 이생강의 애절한 연주가 차 안에 울려 퍼진다. 감동의 전율이 온몸을 타고 흐른다. 나는 잠시 차를 멈추고 그 곡에 심취해본다. 음악은 "지상에서 천상을 잉태한다"라는 말처럼, 아름다운 연주곡 하나로 그 순간 내 차 안이 천상으로 변한다.

이생강의 연주를 다 듣고 나서 문득 직접 악기를 연주하고 싶다는 생각이 들었다. 언젠가 회사 회식 때 들른 라이브 카페에서 드럼을 치던 옆자리 할아버지의 모습이 잊히지 않는다. 그분의 행복한 미소를 보면서 음악이야말로 인생의 멋과 재미를 제대로 누리는 방법이라는 생각이 들었다.

노래를 부르든, 직접 악기를 연주하든 음악은 우리가 자신의 영혼과 만날 수 있는 매개가 되어준다. 음악을 통해 느끼는 마음의 평화와 위안은 그 자체로 긍정 에너지다. 각박한 현실 속에서 어느 순간 음악과 멀어졌다면, 지금부터라도 음악을 가까이 두고 즐기는 연습을 해보자. 하루하루 무미건조하던 일상이 훨씬 부드러워질 것이다.

## 음 악 의    효 과 를    활 용 한    습 관    연 습

### 1  나이가 들수록 새로운 악기를 배워보자

흔히 악기는 어릴 때 배워야 한다고 생각하지만 성인이 되어서 시작
해도 늦지 않다. 나이가 들수록 악기를 연주할 줄 알면 삶이 몇 배
더 풍성해진다.

### 2  짬짬이 라디오를 틀어놓자

라디오는 사람 냄새가 물씬 나는 매체다. 이야기가 있고 계절에 맞
는 음악이 흐른다. 애절한 팝에 취하기도 하고 아름다운 클래식의
선율에 젖어들 수도 있다. 가사일이나 단순노동을 할 때에 라디오를
틀어두면 일의 고단함도 한결 덜하고 기분도 좋아진다.

# 29 스포츠에서 카타르시스를 느껴보자

### 각본 없는 드라마가 펼쳐지는 스포츠 경기장으로 가자

축구 경기를 보든, 야구 경기를 보든
우리는 마치 경기 속에
참여하고 있는 듯 생각하려는 경향이 있다.
– 존 F. 케네디, 전 미국 대통령

나는 스트레스가 온몸에 바이러스처럼 퍼져 있는 날이면 만사 제쳐두고 야구 경기장으로 간다. 돈 걱정, 일 걱정 다 잊어버리고 내가 좋아하는 팀을 신나게 응원하다 보면 속 시원한 카타르시스를 경험하게 된다. 동료들과 함께 가기도 하고, 아내와 아이들을 데리고 가기도 하고, 여의치 않으면 그냥 혼자 가서 소리치며 응원하기도 한다.

경기장에는 혼자 가도 혼자가 아니다. 좋아하는 팀을 함께 응원

131

하다 보면 서로 친구가 되고 운이 좋으면 애인도 만들 수 있다.

스포츠는 스트레스를 푸는 가장 능동적인 방법 중 하나다. 직접 운동을 하는 것뿐만 아니라 좋아하는 팀을 응원하는 것도 삶의 큰 활력소가 된다.

스포츠 경기장은 인생을 그대로 축소시킨 현장이라고 한다. 도 저히 가망이 없다고 생각할 때 갑자기 힘을 발휘하여 역전을 해내 는 것이 스포츠의 묘미다. 그래서 스포츠 경기장은 그야말로 각본 없는 드라마가 펼쳐지는 리얼리티의 공간이다.

## 좋아하는 팀에 열광하다 보면 스트레스가 사라진다

프로야구 롯데자이언츠의 홈구장인 사직 야구장을 흔히 '사직 노래방'이라고 부른다. 롯데 팬들은 사직 야구장에서 함께 〈부산 갈매기〉 노래를 부르며 일상의 고단함을 풀어버린다. 사직 야구장 을 찾은 외국인들은 "어떻게 3만 관중이 다 함께 노래를 부를 수 있느냐?" 하며 놀라움을 감추지 못한다고 한다.

스포츠와 엔터테인먼트를 결합한 스포테인먼트(sportainment)를 지향하는 SK와이번스는 직장인들이 야구장에서 고기를 구워 먹으 며 회식을 할 수 있는 자리를 마련했다. 스포츠에 대한 열광은 비 단 야구뿐만이 아니다. 프로축구 서포터스들의 광적인 응원은 그 저 지켜보기만 해도 통쾌함을 느끼게 한다.

요즘은 경기장 곳곳에서 여성 관객들을 많이 볼 수 있다. 배구장, 농구장뿐만 아니라 축구장, 야구장에서도 자신이 좋아하는 팀, 자신이 좋아하는 선수를 열광적으로 응원하는 여자 팬들이 많다. 승부에 몰입해서 눈물을 흘리는 여성들도 있다. 이들은 자신이 응원하는 팀이 지고 있다가 극적으로 역전을 하면 인생 시름을 다 잊고 긍정의 에너지를 발산하다.

IMF로 온 국민이 힘겨워할 때 박세리의 맨발 벙커샷이 잠시 시름을 잊게 했었다. 메이저리그에서 승승장구하던 박찬호와 '산소탱크' 박지성은 대한민국 국민으로서 자존심을 세워주었다.

스포츠 경기장만큼 긍정의 에너지가 강하게 끓어오르는 곳도 드물다. 스포츠만큼 여러 사람들에게 집단적으로 긍정의 에너지를 불러일으키는 분야도 드물다. 그래서 스포츠는 전 국민을 하나로 뭉치게 만들고, 국가적 시련을 함께 극복하게 해준다.

선수들은 자신의 땀을 믿고 승리를 위해 달리며, 관객들은 선수들과 하나가 되어 승리를 갈망한다. 때때로 경기를 보며 스스로 경기를 뛰고 있다고 착각하고 무아지경에 빠지기도 한다. 경기를 보며 열정적으로 응원을 하든, 직접 경기를 뛰며 스포츠의 희열에 빠지든 스포츠에는 말로 다 표현하기 어려운 긍정의 에너지들이 넘쳐난다.

## 스 포 츠 를 통 한 습 관 연 습

### 1 좋아하는 팀과 선수를 정하자

프로축구든 프로야구든 자신이 좋아하는 팀을 정해놓고 신나게 응원해보자. 우울한 날에 경기장에 가서 목이 쉬도록 좋아하는 선수의 이름을 부르고, 함께 어울려 춤을 추고, 노래도 불러보자. 시원한 맥주 한잔이 더해지면 그날의 스트레스를 완벽하게 풀 수 있다.

### 2 스포츠 스타들에게서 긍정 철학을 배우자

박지성은 평발에도 불구하고 세계적인 축구선수로 인정받았고, 김연아는 셀 수도 없이 많이 엉덩방아를 찧으며 아름다운 회전을 완성했다. 최고의 자리에 오른 선수들에게서 포기하지 않는 에너지와 긍정 철학을 배우자.

# 30 아내는 식물들과도 대화를 나눈다

### 반려동물을 키우듯 반려식물을 키워보자

제 유일한 학교는 자연입니다.
– 마키노 도미타로, 식물학자

불혹을 넘기면서 어지간한 유혹에는 견딜 수 있는 힘이 생겼지만 자연의 유혹 앞에서만큼은 매번 쉽게 무너진다. 나는 수십 년간 각박한 도시에 살면서 자연과 어울려 살고 싶다는 생각을 매일 했다. 그 생각이 간절해지자 가족들과 주말마다 자연을 찾아다니며 식물이 주는 생명 에너지에 흠뻑 빠져들었다. 그래서 몇 해 전 과감히 강원도로 이사를 했다. 쉬운 결정은 아니었지만 가족 모두가 자연이 주는 신선한 기운을 간절히 원했기에 가능한 일이었다.

덕분에 요즘 나는 아침에 새소리로 잠을 깨고 햇살의 애무를 받으며 일어난다. 하루의 시작이 상쾌하니 머릿속도 맑아진 느낌이다. 식탁도 녹색으로 바뀌었다. 평창의 산더덕과 다양한 산나물이 매일 식탁에 오른다.

## 식물에게도 사랑스러운 이야기를 하며 물을 주자

내 아내는 화초 기르는 것을 좋아한다. 집안에 화초가 많으면 좋은 기운이 들어온다고 믿어서 다양한 종류의 화초를 가꾸고, 물을 줄 때도 화초들과 이야기를 나눈다. 마치 반려동물을 키우듯이 정을 나누며 반려식물을 기르는 것이다.

사람으로부터 사랑을 받고 자란 식물은 과학적으로 인간의 심신 건강에 좋은 영향을 미친다는 보고가 있다. 최근 발표된 연구 보고서에 따르면 쉰이 넘은 여자들의 경우 정원을 가꾸는 사람이 조깅이나 에어로빅 같은 운동을 하는 사람보다 뼈가 더 건강한 것으로 나타났다고 한다. 남자들도 정원 일을 하면 혈압과 콜레스테롤 수치가 떨어진다고 한다. 식물을 가꾸다 보면 심리적 안정감은 물론이고 삶의 만족감도 높아지기 때문이다.

특히 큰 병에 걸렸거나 오랫동안 앓았던 사람에게는 화초 가꾸기만큼 좋은 취미활동이 없다. 식물을 쓰다듬고, 대화를 나누고, 보살피는 과정에서 스트레스가 줄어들고 기분이 좋아지며 몸속의 독소들이 자연스럽게 사라진다. 온갖 소음과 공해에 찌든 현대인들이라면 화초 가꾸기를 통해서라도 식물들이 주는 긍정 효과를 경험해보길 권한다.

미국의 시인이자 철학자인 랄프 왈도 에머슨이 쓴 다음의 글이 자극이 되어줄 것이다.

"자연은 약과 같다. 해로운 일이나 어울림 때문에 망가진 몸과 마음을 원래의 상태로 회복시켜준다. 우리는 거리의 소음과 술책에서 벗어나 하늘과 숲을 보면서 다시 인간이 된다. 자연의 고요 속에서 진정한 자기를 발견한다."

## 화 초 재 배 를   통 한   습 관   연 습

### 1 베란다를 식물로 가득 채우자
개인 정원을 가질 수 없다면 베란다만큼은 식물들에게 양보하자. 매일 식물이 커가는 모습을 보며 생명의 신비를 느낄 수 있다. 다양한 색깔과 모양을 가진 식물, 열매와 꽃을 맺는 식물을 섞어서 키우면 그 재미가 한결 더 커진다.

### 2 노년에는 마당 있는 집에서 살자
몸과 마음이 쇠약해지는 노년기일수록 흙과 식물에서 건강한 기운을 얻어야 한다. 노년에는 아파트를 탈출해 마당 있는 집에서 살아보자.

# 31 산 속에 스승이 있다

### 산이 주는 혜택을 온몸으로 느껴보자

등산은 스포츠가 아니라 삶의 방법이다.
— 조지 핀치, 산악인

우리 집 거실에서는 평창 백덕산이 한눈에 보인다. 안개 낀 날이나 눈이 내린 날 거실에서 산을 바라보면 마치 한 폭의 수묵화를 보는 듯하다. 집 바로 옆에는 야트막한 동산이 있는데 비 온 뒤의 흙 냄새가 그렇게 좋을 수가 없다.

나는 주말이면 자주 가족과 함께 근처 산에 오르곤 한다. 산에 오르다 보면 내가 모르는 들꽃이 참 많다는 것을 알게 된다. 들꽃은 의사에 가깝다. 들꽃 속에는 만병을 고치는 다양한 효능이 숨어 있다.

갈대는 중금속 중독에 효과가 있고, 산딸기는 눈을 밝게 해준다. 엄나무는 피로에 지친 현대인들의 만성간염에 좋고 옷에 착착 달라붙는 도꼬마리는 알코올 중독 치료에 효과적이다. 이렇게 들꽃이나 들풀의 효능만 제대로 알고 이용해도 병원 갈 일이 절반으로 줄어들 것이다.

산을 오르는 과정에서 우리는 인생의 깨달음을 얻기도 한다. 옛 시조의 한 구절처럼 산을 타는 것은 우리의 인생과 같다. 뒤에 오던 사람이 나를 앞질러 간다고 해서 무조건 그를 쫓아가다 보면 나 자신의 흐름도 잃게 된다. 그저 묵묵히 내 속도에 맞춰 오르는 것만이 정상에 서는 지름길이다.

산은 정상에 가까울수록 경사가 급해진다. 경사가 급해지면 자연스럽게 몸을 숙이며 올라야 한다. 이를 통해 우리는 높은 지위에 오를수록 겸손해야 한다는 것을 배운다.

산을 타다 보면 어느 순간 우리네 인생의 번뇌들이 산 아래로 밀려나고 마음이 정화되는 걸 느끼게 된다. 또한 산에서 나무들과 차분히 대화를 하면 쌓였던 스트레스가 눈 녹듯 사라지고 새롭게 무언가를 해보고 싶은 욕구도 솟아난다.

나무와 풀의 녹색은 심리적 안정감을 주고 눈 건강에도 좋다. 침엽수 잎에 있는 피톤치드는 살균작용을 하고 심신에 활력을 준다. 나뭇등걸에 등을 툭툭 치는 것도 혈액순환 개선에 효과적이다. 계곡이나 개울가의 음이온은 복잡한 머릿속을 맑게 해준다. 이처럼 자연은 인간에게 아낌 없이 주는 고마운 존재이자 심신의 건강을 지켜주는 의사다.

삶이 고단할 때는 산으로 가자. 산 속의 다양한 생명들과 대화를 나누며 기분을 전환하고 숲의 아름다움을 온몸으로 느껴보자. 산 속에 있는 스승들이 엄청난 긍정 에너지를 선물해줄 것이다.

## 등 산 을 통 한 습 관 연 습

**1 우리나라 5대 명산을 올라보자**

우리나라 5대 명산인 설악산, 지리산, 한라산, 오대산, 치악산은 꼭 올라가 보자. 산도 높고, 골도 깊어서 산에서 얻을 수 있는 다양한 즐거움을 만끽할 수 있다.

**2 맨발로 숲 속을 걸어보자**

숲 속의 흙은 심신의 건강에 아주 좋다. 맨발로 숲 속을 거닐면서 숲의 좋은 기운을 온몸으로 흡수하자.

**3 자신의 이름을 건 나무를 심어보자**

산이 주는 혜택을 받는 데 만족하지 말고 산에 새로운 생명을 주자. 자신의 이름을 건 나무 한 그루 심고 커가는 모습을 지켜보는 것도 삶의 기쁨이 된다.

# 4부
# 세상의 습관

몸과 마음, 생활에서 좋은 습관이 체질화되
면 마지막 단계로 세상을 향해 좋은 습관
을 실천해야 한다. 자신의 몸과 마음에 체
질화된 긍정 바이러스를 다른 사람들에게
퍼트리는 것이다. 나누고, 베풀고, 봉사하며
사랑을 실천하는 것이다. 이것이 바로 작은
습관에서 시작되어 비로소 완성되는 인생
의 큰 변화다.

# 32 나눌 수 없는 가난은 없다

**생활 속 작은 나눔부터 실천하자**

돈이 없는 것은 슬픈 일이다.
하지만 돈이 남아도는 것은 두 배로 슬픈 일이다.
― 톨스토이, 작가

몇 년 전 결혼기념일 선물로 무엇을 할까 고민하다가 나와 아내는 월드비전에 기부를 하기로 결정했다. 우리 두 사람에게만 좋은 일 말고 다른 사람과 함께 나눌 수 있는 보람된 일을 해보고 싶었다. 우리나라의 불우한 환경에서 자라는 어린이, 해외의 가난한 어린이 그리고 한 끼도 제대로 못 먹는 북한 어린이들에게 매달 얼마간의 돈을 지원하기로 했다. 그렇게 결정하고 나니 그 자체가 우리 부부에게는 정말 큰 선물이 되었다. 가끔 그 어린이들로부터 감사의 편지를 받게 되면 행복감은 몇 배나 더 커진다.

"나눌 수 없는 가난은 없다. 큰 돈과 큰 마음만 나눌 수 있다는 생각을 버려라."

박원순 서울시장이 희망제작소 상임이사 시절에 한 말이다. 나눔을 실천하는 기준은 액수의 많고 적음이 아니라는 뜻이다.

단돈 1만 원도 마음먹기에 따라 그 가치가 매우 달라진다. "나 같은 박봉의 월급쟁이가 다른 사람을 어떻게 도와줘?"라고 말하는 사람과 "한 달에 1만 원씩 월드비전에 기부하고 있어!"라고 말하는 사람이 느끼는 자부심은 크게 다를 수밖에 없다. 나눔은 액수가 아니라 나만 쓰느냐, 함께 나누어 쓰느냐 하는 마음가짐의 문제인 것이다.


## 나눔이 주는 긍정 에너지, 데레사 효과

나눔은 누구에게 보여주기 위한 가식적인 행위가 아니라 자기 마음속에 차오르는 타인에 대한 연민과 사랑에서 비롯되어야 한다. 실제로 가난하고 힘없는 사람들이 나눔을 더 많이 실천한다는 통계 조사가 있다. 내가 어려움을 겪어봤으니 다른 사람의 어려움이 눈에 더 잘 들어오는 것이다.

방글라데시의 행복지수가 세계 1위인 것은 가난하지만 서로 나누려는 마음이 있기 때문이며, 그것이 서로에게 행복을 전파하는 긍정 바이러스의 역할을 하기 때문이다.

'테레사 효과'라는 말이 있다. 마더 테레사의 헌신적인 봉사활동에서 유래한 말로, 다른 사람을 위해 봉사하는 것을 생각하거나 보기만 해도 마음이 착해지고 동시에 우리의 몸도 영향을 받아 신체 내에서 바이러스와 싸우는 면역물질이 생긴다는 것이다. 다른 사람을 위해 좋은 일을 하면 그 자체로 보람을 느낄 뿐만 아니라 면역물질이 생겨 몸까지 건강해진다니 1석 2조의 효과를 얻을 수 있는 것이다.

봉사나 나눔을 어렵고 거창한 일로 생각할 필요는 없다. 인터넷으로 간단히 검색만 해보면 누구나 쉽게 참여할 수 있는 봉사활동이나 기부 프로그램의 정보를 얻을 수 있다. 가장 간단하게 할 수 있는 것은 어려운 이웃들을 위해 적은 액수라도 꾸준히 기부하는 것이다. 최근에는 일반 회사에서도 회식이나 단합회 대신 봉사활동을 통해 유대를 다지는 경우가 많다. 직장 동료들과 함께 보람되고 의미 있는 일을 하다 보면 평소에는 알지 못했던 동료의 따뜻하고 인간적인 면을 느끼기도 하고, 서로 좋은 자극을 주고받을 수도 있기 때문이다.

테레사 효과에서 알 수 있듯이 나눔을 실천하는 사람은 그 과정에서 보람과 자부심, 긍정의 에너지를 느끼기 때문에 도움을 받는 사람보다 더 많은 것을 얻게 된다. 다른 사람이 아니라 바로 나 자신을 위해서라도 당장 실천할 수 있는 나눔의 방법들을 떠올려보자.

## 나 눔 의   즐 거 움 을   키 우 는   습 관   연 습

**1 재능 기부에 참여해보자**

재능 기부란 말 그대로 자신이 잘하는 일로 다른 사람들을 돕는 것
을 말한다. 개그맨들은 웃기는 것으로 기부를 하고, 자신이 그린 그
림이나 노래로 기부하는 사람도 있다. 자신만의 특별한 재능으로 보
람된 일을 할 수 있는 방법을 찾아보자.

**2 헌혈은 건강과 나눔을 동시에 얻는 효과적인 방법**

헌혈은 응급 환자나 수술 환자의 생명을 살리는 소중한 나눔 실천
방법이면서 동시에 건강을 지키는 과학적인 방법이다. 헌혈을 하면
새로운 적혈구가 생성되어 우리 몸에 더 신선하고 새로운 피가 돌게
된다.

# 33 자식 농사에도 긍정 체질이 필요하다

### 스스로 살아가고, 어울려 살아가는 힘을 키워주자

부모는 여관 주인이고 자식은 여관에 찾아온 손님이다.
주인은 손님이 잘 쉬다가 좋은 곳으로 가도록 보살필 뿐,
여관을 나설 때 어느 방향으로 가라고 강요할 수는 없다.

― 필자의 아버지

"남들 다 시키는데 안 시켰다가 내 아이만 낙오자가 되면 어떡해
요?"

대한민국 부모들의 마음은 이 한 마디가 모두 대변해준다. 우리
나라의 과도한 사교육 열풍은 부모들의 이러한 불안감 때문이다.
옆집 아이가 하니까 내 아이도 해야 한다는 것이다. 이때 아이의
적성과 심리는 전혀 고려되지 않는다. 내 아이에게 맞게 끌고 가는
것이 아니라 남들 수준에 맞춰 끌려가기에 급급하다. 끌려가는 교

육은 재미도 없고 긍정적인 효과도 만들어내지 못한다. 아이들은 점점 공부를 싫어하게 되고 정서불안과 스트레스에 시달린다. 이것이 대한민국 대부분의 부모와 자녀가 처한 현실이자 딜레마다.

전 변산공동체학교 교장인 윤구병 선생님은 성공한 교육이 되기 위해서는 두 가지 목표를 이루어야 한다고 했다. 첫째, 스스로 제 앞가림하는 힘을 길러주어야 하고 둘째, 함께 어울려 사는 힘을 길러주어야 한다는 것이다.

또한 선생님은 사람 농사가 다른 농사와 다른 점은 씨앗 고르는 과정이 없는 것이라고 강조했다. 씨앗은 좋은 씨앗과 나쁜 씨앗으로 가를 수 있지만, 사람은 좋고 나쁨을 판가름해서 선별할 수 없다는 말이다. 초등학교 때부터 치열하게 경쟁을 시켜 국제중학교 아이들을 선별하고, 학교에 서열을 매겨 부모와 아이들의 가슴에 상처를 주는 지금의 교육 현실에 경종을 울리는 말이다.

## 기다릴 줄 아는 부모가 행복한 아이를 만든다

우리의 뇌는 자신에게 필요한 학습 자극을 스스로 찾기 때문에 가만히 내버려두고 방해 요소만 없애주어도 충분히 자신에게 필요한 것을 찾아낸다고 한다. 이런 점에서 요즘 우리 부모들에게 가장 필요한 것은 기다림의 지혜다.

'늦게 꽃피는 아이(Late Bloomer)'라는 말이 있다. 어릴 때는 다른 아이들에 비해 조금 늦되지만 뒤늦게 자신의 능력을 발휘하는 아이들을 두고 하는 말이다. 영국인이 뽑은 '가장 위대한 영국인'이자 뛰어난 정치가인 윈스턴 처칠도 학창시절에는 멍청한 소년이라는 놀림을 받았다고 한다. 천재 과학자인 에디슨과 아인슈타인도 어린 시절에는 엉뚱하고 뒤떨어진 아이로 평가받았다. 그들이 대한민국에서 태어났다면 교실에 남아서 보충수업을 받고 있을지도 모를 일이다.

지금 대한민국의 부모들에게 아이가 스스로 원하는 것을 찾고 즐길 수 있도록 기다리는 것은 어쩌면 용기가 필요한 일일지도 모른다. 하지만 내 아이가 경쟁에서 낙오할지도 모른다는 부모의 불안이 오히려 아이의 인생을 불행으로 이끌 수도 있다는 점에서 우리 부모들이 용기를 발휘해야 할 시점이 아닌지 생각해본다.

좋은 교육의 기본은 아이들이 무엇을 좋아하는지 스스로 찾아내도록 이끌어주는 것이다. 물론 모든 아이가 특별한 재능을 갖고 있거나 자신의 재능을 쉽게 찾아낼 수 있는 것은 아니다. 하지만 부모의 불안과 조급함으로 아이가 자신이 좋아하는 일을 탐색하고 정체성을 만들어가는 기회까지 빼앗아서는 안 된다. 아이 스스로 생각하도록 이끌어주고, 무엇을 좋아하는지 찾아내도록 기다려주어야 한다. 정작 조기교육을 시켜야 하는 것은 영어나 논술이 아니라 자신이 좋아하는 것을 찾아내는 정체성 교육일 것이다.

## 행 복 한   자 녀 교 육 을   위 한   습 관   연 습

**1 아이들에게 무엇을 원하는지 자꾸 물어보자**

자기가 좋아하는 일을 찾으면 그것을 이루는 과정도 즐겁고 재미있다. 공부도 그 꿈을 이루는 과정이라고 생각해서 흥미를 느끼게 된다.

**2 다른 아이와 비교하는 것은 절대 금물이다**

윤구병 선생님의 말씀처럼 사람 농사에서 농부는 씨앗을 고를 수 없다. 씨앗이 싹을 틔우고 잘 자랄 수 있게 돕는 역할만 할 뿐이다.

# 34 가끔은 인맥도 청소해야 한다

**'쿨하게' 헤어지는 법을 익히자**

행복의 90%는 인간관계에 달려 있다.
— 키에르 케고르, 철학자

휴대폰 주소록이나 명함첩 안에 잠자고 있는 연락처가 얼마나 되는가? 전화번호만 저장해놓고 몇 년 동안 한 번도 연락을 안 한 사람도 있고, 분명 명함을 갖고 있지만 언제 어디서 만났는지조차 기억나지 않는 사람도 있을 것이다.

주변을 깨끗하게 청소해야 복이 들어오는 것처럼, 인맥 관리도 마찬가지다. 필요 없는 연락처는 그때그때 정리하는 것이 좋다. 지난 몇 년간 단 한 번도 연락하지 않은 사이라면 앞으로 몇 년간도 마찬가지일 가능성이 높다. 필요 없는 연락처를 쌓아두면 오히려 필요한 번호를 찾기만 더 어려워진다. 그러니 최소한 2~3달에 한 번 정도는 날짜를 정해두고 인맥 구조조정을 하는 것이 좋다.

먼저 내 휴대폰을 열어본다. 보통 휴대폰에는 2,000명 정도 저장할 공간이 있는데, 내 휴대폰에는 200명이 조금 넘는 사람들이 복작대며 살고 있다. 그 사람들의 연락처가 모두 나에게 필요할까?

몇 달 동안 연락하지 않은 사람이 꽤 있고, 한두 명은 저장만 해두고 한 번도 전화를 하지 않은 사람들이다. 50명 정도가 나와 작별했다. 그들이 떠난 빈자리는 새로운 인연들로 채워질 것이다.

이번에는 명함첩을 뒤진다. 사회생활을 한 지 16년이 넘어가니 갖고 있는 명함첩만 열 권이다. 휴대폰에는 고작 200명이지만 명함첩 속의 인연은 천 명이 넘는다. 그들과도 과감히 이별한다. 간혹 수년 전에 알았던 반가운 사람의 명함을 발견하기도 한다. 호기심에 전화를 걸어보면 없는 번호라는 메시지가 뜨기도 하고, 반갑게 받아주는 사람도 있다. 이렇게 옛날 인연들과 전화 통화를 하는 것도 나른한 일상에 가벼운 설렘을 준다. "이 사람이 누구지?" 하고 떠올려봐도 도저히 생각나지 않는 인연과는 과감히 헤어진다.

어느 날 새벽, 불알친구에게서 전화가 왔다. 속상한 일이 있는지 술 취한 목소리로 일방적으로 이야기를 계속했다. 한참을 들어주다가 중요한 일이 아닌 것 같아 아침에 통화하자고 하고 끊었다. 그런데 아침에 일어나니 "너와의 30년 인연을 끝낸다"라는 문자가 와 있었다. 어이없고 속상했지만 대응하지 않았다.

30년 우정을 하루아침에 끊어버린 친구의 일방적인 절교 선언에 나도 상처를 받아 오랫동안 마음앓이를 했다. 한동안 자책감과 친구에 대한 서운한 감정 등이 뒤섞여 인간관계 전반에 대한 회의가 들기도 했다. 그러다 어느 순간 어차피 그 정도 우정이라면 여기서 끝나도 섭섭하지 않다고 쿨하게 생각했다. 그랬더니 마음이 편해지면서 더 좋은 인연들이 다가왔다.

## 남은 인연에게는 정성을 다하자

일 년 내내 연락 한 번 없다가 명절 때만 단체로 형식적인 문자 인사를 보내는 사람이 있다. 그런 문자를 받으면 반갑기는커녕 나와의 인연이 도매금으로 처리되는 것 같아서 오히려 불쾌하다. 반대로 사소한 배려와 센스로 상대를 감동시키는 문자도 있다.

나는 몇 년 전에 광고계 선배로부터 신년 인사 문자를 받았다. 선배가 후배에게 먼저 문자 인사를 보낸 것도 감동인데, 문자의 내용도 독특해서 후배의 마음을 짠하게 했다.

"어젯밤 산신령이 꿈에 나타나서는 올해는 네가 대박 나니까 너한테 잘하라고 하더라."

비록 거짓말이라고 해도 이런 재치 있는 문자를 받으면 온종일 기분이 좋다. 상대방을 생각하는 진심이 느껴지기 때문이다.

떠나보낼 사람과는 과감하게 이별하고, 소중한 인연에게는 진심을 전하는 것. 이것이야말로 진정한 인맥 관리의 기술이자 인생의 소중한 지혜다.

## 인 맥 관 리 를 위 한 습 관 연 습

### 1 다른 직업의 사람을 자주 만나자

자신의 직업과 관련된 사람만 만나다 보면 정보도 제한되고 생각도 좁아진다. 전혀 다른 업종에 종사하는 사람과의 교류를 통해 새롭고 재미있는 일들을 더 많이 경험해보자.

### 2 경사는 못가더라도 조사는 꼭 챙기자

사람은 어려울 때 힘이 되어준 사람을 잊지 못한다. 지인들의 경조사를 꼬박꼬박 챙기는 것은 인맥 관리의 필수사항이다.

### 3 사람 이름을 잘 외워주자

한두 번 만났던 사람이 자신의 이름을 기억하고 불러주면 그 사람에게 호감을 갖게 된다. 이름 잘 외우는 방법으로 SAVE기법이 있다. 대화 중에 상대방의 이름을 세 번 말하고(Say), 이름에 대해 질문하고(Ask), 그 사람의 특징을 형상화하고(Visual), 이름을 부르며 대화를 마무리(End)하는 것이다. 평범한 사람들이 가장 실천하기 쉬운 이름 외우기 방법이다.

# <sup>35</sup> 먼저, 자주, 웃는 얼굴로 인사하자

## 인사를 잘해야 모든 일이 잘 풀린다

인사는 경우를 막론하고 부족한 것보다
지나친 편이 낫다.
– 톨스토이, 작가

2000년대 초에 활발하게 활동한 가수 중에 '신화'라는 원조 아이돌 그룹이 있다. 이들이 한 인터뷰에서 참 재미있는 이야기를 했다. 자신들의 뒤를 이어 가요계에 수많은 후배들이 등장하는 것을 지켜보았는데, 참 이상하게도 인사성 없는 후배들은 나중에 조용히 사라지더라는 것이다.

그들은 인터뷰에서 "후배들을 보면 동생 같은 마음이 들어 귀엽긴 한데, 선배들에게 인사를 잘 안 하는 것이 아쉽다"라며 후배들의 인사성 없음을 안타까워했다. 그리고 어떤 후배 그룹이 하도 인사를 하지 않기에 '쟤들 조만간 사라지겠군' 하고 생각했더니 정말 얼마 후 자취를 감추었다고 했다.

직장생활을 하다 보면 팀마다 인사성 밝은 사람이 한 사람씩 있다. "안녕하십니까! 좋은 아침입니다!" 하며 밝고 힘차게 인사하는 목소리에 다른 사람들도 모두 어깨가 펴질 정도다. 인사를 잘하는 사람을 보면 대인관계는 물론 일 처리도 딱 부러지게 잘한다. 이런 사람은 윗사람은 물론이고 아랫사람에게도 인사를 잘한다. 그러니 많은 사람들에게 호감을 얻고 일도, 직장생활도 무리 없이 잘해내는 것이다.

## 인사는 인간관계의 윤활유다

인사는 타이밍이 중요하다. '인사는 순간의 승부다'라는 말처럼 눈이 마주친 그 순간 조건 반사적으로 해야 한다. 일반적으로 서로 30보 이내에 있는 사람에게는 인사해야 하고, 인사하기 가장 좋은 타이밍은 6보 이내다. 인사할 때 시선은 발끝에서 1센티미터 앞에 머무는 게 좋다. 머리만 숙이는 인사는 안 좋다. 허리까지 자동으로 따라가야 정중한 인사가 된다.

인사를 잘하는 사람들은 세 가지 공통점을 가지고 있다.

첫째, 인사성 밝은 사람은 인격적으로 성숙하다. 한마디로 철이든 사람이다. 이런 사람은 사회생활의 기본적인 매너와 상대방을 배려하는 마음을 가지고 있다. 요즘은 기업에서도 실력보다 인성을 더욱 중요하게 생각한다. 인사를 잘하는 사람은 조직에 긍정적인 영향을 주기 때문에 당연히 채용 우선순위가 된다.

둘째, 인사를 잘하는 사람은 적극적이다. 많은 사람들이 인사를 귀찮고 번거로운 일이라고 생각한다. 하지만 하기 싫다고 인사하는 것을 미루다 보면 건방지다는 평판을 얻는 것은 순식간이다. 인사를 잘하는 사람은 아무리 바쁘고 짜증나는 상황에서도 먼저, 그리고 적극적으로 인사한다.

셋째, 인사를 잘하는 사람은 상대방에 대해 관심이 많고, 인간관계가 좋다. 어떤 인연이든 만드는 것보다 오래 유지하는 것이 더 어렵고 중요하다. 사회생활을 하다 보면 모든 사람들에게 일일이 관심을 갖고 정성을 들이기가 쉽지 않다. 하지만 반갑게 먼저 인사를 하는 것만으로도 상대에 대한 관심을 전달하고 더 깊은 인간관계를 만들어갈 수 있다.

이런 세 가지 이유로 자주, 먼저, 웃는 얼굴로 인사하는 사람은 그렇지 않은 사람보다 사회생활과 인간관계가 원만할 수밖에 없다. 여기에 덧붙여 상대에 따라 특별한 관심의 표현을 덧붙이면 금상첨화다.

유난히 잘 차려입고 온 동료가 있다면, "오늘따라 더 멋진데요! 좋은 일 있으신가 봐요"라고 한마디 덧붙이거나, 피곤하고 지친 기색이 있는 동료에게는 "요즘 감기가 유행인데, 건강관리 잘하세요"
라는 인사말을 건네면 좋다. 화려한 언변이 아니라 진심이 담긴 한
마디가 상대의 마음을 얻는 데 더 효과적이다.

## 인 사 를 통 한 습 관 연 습

**1 정말 존경하는 사람에게는 90도로 허리를 숙이며 인사하자**

90도로 허리를 숙이면서 인사하는 것은 대단히 정중한 인사법이다.
평소에는 이렇게 인사할 기회가 거의 없지만, 정말 존경하는 사람에
게 90도로 인사를 해보자. 상대방은 물론 나 자신의 마음가짐이 달
라질 것이다.

**2 기왕 하는 인사라면 더 적극적으로 하자**

무표정하게 형식적으로 하는 인사는 오히려 상대방의 기분을 망칠
수 있다. 기분 좋은 표정과 밝은 목소리로, 악수할 때에는 손을 힘
있게 잡으면서 인사하자. 그래야 서로의 좋은 기운이 소통한다.

**3 어린아이의 인사도 공손하게 받아주자**

아이들은 순수한 마음을 담아 인사하는데 어른들이 인사를 받지
않거나 무시해서 상처를 주는 경우가 있다. 어리다고 무시하지 말고
아이들의 눈높이에 맞춰 적극적으로 인사를 받아주자.

# 36 적당한 음주로 인생의 낭만을 즐기자

## 가족과 함께하는 술자리를 만들자

근로는 나날을 풍요롭게 만들고,
술은 일요일을 행복하게 만든다.
― 보들레르, 시인

과음만 하지 않는다면 술은 팍팍한 우리 인생을 매끄럽게 만드는 윤활유 역할을 한다. 건강을 생각한다고 비오는 날 막걸리와 파전의 낭만마저 포기하지는 말자. 좋은 사람들과 함께하는 술자리는 인생을 더욱 풍요롭게 만든다.

역사적으로 인간의 영혼은 두 가지 극단의 액체를 탐닉해왔다. 하나는 알코올이고, 다른 하나는 카페인이다. 커피는 이성의 선동꾼인 반면 알코올은 감성의 선동꾼이다. 그만큼 술은 우리의 감수

성을 자극하고, 즐거운 기분을 불러일으킨다.

음주는 신체에 휴식 효과를 주기도 한다. 우리의 뇌에는 감마 아미노뷰티르산이라는 신경 흥분을 억제하는 물질이 있는데, 알코올이 이 물질의 기능을 도와 신경을 안정시키는 역할을 한다. 즉, 적당한 알코올은 몸을 이완시키고 마음을 편안하게 하는 데 도움이 된다.

특히 레드와인에는 많은 양의 항산화 물질이 들어 있어서 건강에도 좋다. 철학자 플라톤은 와인을 '신이 인간에게 내려준 최고의 축복'이라 했고, 프랑스에서는 와인이 장수의 비결로 알려져 있어 '노인의 우유'라고도 불린다.

덴마크 서던 대학 연구팀은 스무 살 이상의 성인 남녀 1만 2,000여 명을 대상으로 음주와 운동이 건강에 미치는 효과에 대해 추적 조사를 실시했다. 그 결과 운동도 안 하고 술도 전혀 마시지 않는 사람에 비해 적당한 운동과 음주를 같이 즐기는 사람에게서 심장병 발병 위험이 최고 40퍼센트 가량 줄어드는 것으로 나타났다. 폭주만 하지 않는다면 술은 분명 우리 몸에 긍정적인 효과를 준다.

## 가족과 함께하는 술자리가 가장 행복하다

"우리는 한 잔의 술을 마시며 버지니아 울프의 생애와 목마를 타고 떠난 숙녀의 옷자락, 정원의 초목 옆에서 자라는 소녀와 문학과 인생, 그리고 세월은 가고 오는 것임을 이야기한다.”

시인 박인환의 「목마와 숙녀」를 읊으며 술 한 잔을 기울여본다. 술은 연애와 정치의 촉매제이자 풍요로운 사교생활을 위한 불가결한 요소다. 예술가들에게는 영감을 주고, 노동자들에는 휴식을 주며, 부부 사이에는 대화와 사랑을 준다.

나는 가끔 퇴근길에 아내에게 전화를 걸어 어떤 안주를 사 가지고 갈지 물어본다. 예전에는 아내보다는 직장 동료나 친구들과 술 마시는 것을 즐겼다. 그런데 점차 나이가 들면서 아내와 함께하는 술자리가 많아졌다. 정말 대화를 많이 나누고 즐거운 시간을 공유해야 할 사람은 아내와 가족이라는 사실을 깨닫게 된 것이다.

아내와 함께 술을 마시면 적당히 즐기기만 할 뿐 과음을 하지 않아서 몸이 상하지 않는다. 또한 평소에 표현하지 못하고 마음에 담아두었던 고마움이나 서운한 감정들을 술기운을 빌어 스스럼없이 말할 수 있어서 부부간의 정도 더욱 돈독해진다.

인생의 즐거움을 위해 술을 적당히 즐기되, 음주 후에는 3일 이상 금주하고, 기왕 마시려면 집에서 마신다는 것이 나의 음주 철학이다. 인생이 뭐 별건가. 사랑하는 가족과 술 한 잔을 나누며 즐거운 시간을 보내는 것이 내게는 가장 큰 행복이다.

## 즐 거 운   음 주 생 활 을   위 한   습 관   연 습

**1 술은 가능한한 3박자를 갖추어 마시는 것이 좋다**

술을 마실 때는 첫째 좋은 사람, 둘째 좋은 안주, 셋째 좋은 이야기
가 필요하다. 긍정적인 사람들과 즐거운 이야기를 나누며 좋은 안주
를 곁들여 마시는 술은 최고의 명약이다.

**2 과음을 하면 기본 3일은 술을 끊어야 한다**

과음과 폭주로 시달린 간이 회복되기 위해서는 최소 3일이 필요하다
고 한다. 과음은 되도록 피해야 하지만 만약 과음했다면 다음 3일은
철저히 술을 끊자. 그래야 몸도 편하고, 인생도 즐거워진다.

**3 기분이 나쁠 때는 혼자서 술 마시지 말자**

기분이 좋지 않을 때 마시는 술은 독약과 같다고 한다. 이때 혼자 마
시는 술은 몇 배나 더 안 좋다. 분노나 스트레스는 다른 방법으로
해소하고, 술은 즐겁고 편안한 상태에서 즐기자.

# <sup>37</sup> 농업이 아니라 농사를 짓자

## 도시의 미니 농사꾼이 되어보자

스스로 먹을 것을 만들어낼 수 있는 사람들만이
진정으로 안정된 삶을 산다.
– 페에르 라비, 농부 철학자

눈을 뜨면 자연이 어깨동무하며 달려드는 이곳, 평창. 작년에 이곳
에 정착하면서 우리 가족은 텃밭에 농사를 짓기 시작했다. 농업과
농사는 다르다. 농업은 직업이다. 업이 되면 대량 생산과 판매가 필
수다. 소위 말해 자연을 이용해 돈벌이를 해야 한다. 그런데 농사는
다르다. 농사는 그냥 자연법칙에 따라 씨 뿌리고 열매를 거두면 된
다. 우리 가족이 먹을 정도만 거두고, 남는 것은 이웃과 나누면 된
다. 농업은 자본주의적이지만 농사는 자연주의적이다.

우리 가족은 작년 내내 텃밭에 다양한 작물들을 키웠다. 여러 종류의 상추는 물론이고 대파, 쪽파, 부추, 옥수수, 오이, 고추, 파프리카, 피망, 비트, 감자, 토란, 배추, 무······. 1년 동안 참 많이도 심고 거두었다. 이 텃밭 농사만으로도 4인 가족이 먹기에 충분한 양을 거두었을 뿐만 아니라 이웃들과도 나눠 먹으며 자연의 풍요로움을 온몸으로 느낄 수 있었다.

## 전 국민이 농사꾼이 되어야 한다

FTA로 재벌은 기가 살고 농민은 시름이 깊어간다. 우리나라의 라이트급 농업으로 헤비급 농업과 싸우자니 한숨만 나올 뿐이다. 현재 우리가 가진 조건으로 외국의 대량농업 시스템과 경쟁하는 것은 승산이 없을 뿐만 아니라 시대의 흐름과도 맞지 않다. 이젠 농업도 작아져야 한다. 특화작물로 승부를 걸거나 소규모 업체들이 모여 협업체제를 꾸려야 한다.

그렇다면 농사짓기를 대중화해서 전 국민이 농사꾼이 되는 것은 어떨까? 농업을 직업으로 갖지 않더라도 각자 작은 텃밭에 소규모 농사를 짓고 그 작물을 모아서 팀 단위로 판로를 개척해가는 것이다. 전 국민이 한 가지 이상의 작물을 재배하고 그것을 서로 교환할 수도 있지 않을까? 파브리카 팀, 블루베리 팀 등 몇 명씩 같은 뜻을 가진 사람들끼리 특화작물을 재배해서 교환하는 것이다. 이런 소규모 방식으로 농사를 지으면 비료나 농약을 사용하지 않고 순수한 친환경 유기농 재배가 가능할 것이다. 농사는 원래 협동 시스템이다. 작은 농부들이 하나둘 모여 농사를 짓고 친환경 유기농 작물을 교환하며 원하는 사람들과 나누어 먹는 방식은 생각만 해도 설레는 일이다.

## 도시의 미니 농사꾼들이 늘어나고 있다

회색 도심에 사는 사람들 중에서도 농사에 대한 큰 열망을 가진 사람들이 있다. 이들은 일상생활 속에서 적극적으로 농사짓기를 실천한다. 나는 이들을 도시의 미니 농사꾼이라고 부른다.

이들은 아파트 베란다는 물론이고 사무실 옥상에 미니 텃밭을 만들어 상추, 고추, 오이 등을 직접 재배해서 먹는다. 심지어 사무실의 자기 책상 옆 창가에 상추를 재배하는 사람도 있다. 작은 단위로 이런 농사의 기쁨을 누리는 사람들이 도시에 점점 늘어나고 있다. 참 기분 좋은 현상이다.

자연은 땅을 차별하지 않는다. 땅이 아무리 작아도 식물이 자랄 수 있는 기본 조건만 갖추어지면 얼마든지 열매를 맺고 수확의 즐거움을 선사한다. 다만 그 양이 많지 않다는 것뿐이다. 양에 대한 욕심만 줄이면 도시인도 누구나 농사의 재미를 느낄 수 있다. 옥상 텃밭은 도심의 열섬현상 방지에도 효과적이다. 또한 도시의 미니 텃밭은 일자리 창출에도 기여할 수 있다. 텃밭 코디, 텃밭 강사 등 다양한 텃밭 관련 직업이 나올 수도 있다.

　어렵게 생각하지 말고 자신만의 작은 텃밭을 만들어보자. 도시의 미니 농사꾼이 되어보자. 몸과 마음이 한층 더 건강해질 것이다.

## 농 사 짓 기 를  통 한  습 관  연 습

### 1 나만의 작은 텃밭을 소유하자

1평이라도 좋다. 화분에 키워도 좋다. 나만의 텃밭에 작물을 재배해보자. 재배하는 즐거움과 수확의 기쁨을 통해 기분 좋고 건강한 하루하루를 보낼 수 있을 것이다.

### 2 직접 키운 작물을 주위 사람들과 나누어 먹자

작물을 키우면 먹는 기쁨도 크지만 그 못지않게 나누는 즐거움도 누릴 수 있어 좋다. 상추 몇 장, 고추 몇 개라도 주위 사람들과 나누어 먹자. 일상의 즐거운 이벤트가 될 것이다.

# 38 실수는 계속 발전하고 있다는 증거

**매일 새로운 실수를 고안해내자**

절대로 안 굶어 죽는다. 쫀쫀하게 굴지 마라.
왜 젊은 나이에 먹고 사는 것에 쩔쩔매고들 있나. 거친 삶을 살아라.
남들 다 가는 고속도로보다 좀 위험해도 전혀 다른 길을 가라.
– 박원순, 전 희망제작소 상임이사

두려움 많고 소심하고 겁쟁이인 니체는 스스로 강해지기 위해서 '위험하게 살아라'라는 글을 벽에 붙여놓고 살았다고 한다.

우리의 인생은 그 자체가 모험이다. 때로는 길을 잃기도 하고, 넘어지기도 한다. 그러나 길을 잃어본 사람은 새로운 길을 찾아 나아갈 수 있지만, 어느 곳으로도 떠나지 않은 사람은 그 자리에서 조금도 앞으로 나아갈 수 없다.

자전거를 배울 때는 자꾸 넘어져야 빨리 배우고, 수영은 물 먹는 것을 각오해야 실력이 는다. 홈런왕이 삼진도 많이 당하는 이유는 헛스윙을 하더라도 시원하게 풀스윙을 하기 때문이다.

아인슈타인은 "한 번도 실수를 저지르지 않은 사람은 한 번도 새로운 것을 시도하지 않은 사람"이라고 했고, 아리스토텔레스는 "어떤 일을 하기 전에는 그것을 어떻게 하는지 배워야 한다. 그런데 어떻게 하는지 배우기 위해서는 직접 해봐야 한다"라고 했다. 이들의 말에 따르면 매일 새로운 일에 도전하고 자꾸 실수를 하는 사람이야말로 매일 발전하고 있는 사람이다.

하지만 실수를 하더라도 똑같은 실수를 반복해서는 안 된다. 실수를 통해 새로운 것을 배우고, 부족한 점을 고쳐나가야 한다. 그리고 매번 새로운 실수들을 고안해내야 한다. 안전장치가 마련된 삶에서 살짝 벗어나 새로운 것을 시도하고 실패하는 과정에서 창의성이 발휘되고, 내공이 쌓여가는 법이다.

## 위대한 창조는 수많은 실패에서 탄생한다

어떤 분야든 책상머리 사고로는 훌륭한 결과물을 만들어낼 수 없다. 어떤 유능한 광고 카피라이터도 현장의 목소리를 듣지 않고는 좋은 카피를 만들어내지 못한다. 이런 점에서 광고계 후배의 닉네임인 '풋카피(footcopy)'는 참 좋은 뜻을 품고 있다. '발로 뛰는 카피'를 쓰겠다는 다부진 다짐이 들어 있기 때문이다.

컴퓨터 키보드 상에서 해본다는 의미의 '해'를 영문으로 치면, 'go'가 된다. 해야 한다는 생각이 들면 일단 앞으로 나아가야 한다. 가만히 현재의 자리에 머물러서는 어떠한 것도 이룰 수 없고, 머지 않아 인생의 낙오자가 되고 만다.

물론 새로운 일에 도전할 때에는 그에 따른 위험도 자신의 몫으로 감당하겠다는 마음가짐을 갖고 있어야 한다.

실패와 실수가 두렵지 않은 사람은 없을 것이다. 하지만 실패를 많이 했다고 인생의 낙제점을 받는 것도 아니고, 실수 없이 안정된 삶을 살았다고 인생의 모범생이 되는 것도 아니다. 중요한 것은 새로운 도전과 모험을 통해 자신의 인생을 원하는 방향으로 이끌어 가는 것이다.

길을 가다 돌을 만났을 때 부정적인 사람은 걸림돌이라고 생각하고, 긍정적인 사람은 디딤돌이라고 생각한다는 이야기가 있다. 우리 인생에 있어 새로운 시도와 도전은 원하는 삶으로 가는 디딤돌이자 도약의 발판이 되어줄 것이다.

## 새 로 운   도 전 을   통 한   습 관   연 습

**1  매일 실패 보고서를 작성하자**

과거의 실패 보고서는 미래의 성공을 위한 데이터베이스가 되어준
다. 매일 쌓인 도전의 역사가 성공의 히스토리가 될 수 있도록 실패
한 일에 대해서도 꼼꼼하게 기록을 남겨두자.

**2  늦은 나이에 새로운 시도를 한 사람을 멘토로 삼자**

나이를 뒷발로 걷어차고 새로운 영역에 도전해 앞으로 달려나간 인
생 멘토를 찾아서 그의 정신을 배우자.

# 39 잘 듣는 사람이 가장 무섭다

**조금 더 많이 듣고, 조금 덜 말하자**

경청은 당신의 두 귀로
상대를 설득시키는 방법이다.
– 딘 러스크, 정치가

광고회사에서는 회의를 밥 먹듯이 한다. 하루에 두세 번은 기본이고, 심지어는 밤을 새며 회의를 할 때도 있다. 몇 번이고 회의를 거듭해도 결론이 안 날 때는 뭐하러 이런 회의를 해야 하나 회의(!)가 드는 것도 사실이다. 하지만 아이디어가 인정받지 못하면 광고를 집행할 수 없기 때문에 울며 겨자 먹기로 회의를 진행한다.

회의할 때 보면 말이 많은 사람이 있고 말수가 적은 사람이 있다. 말 많은 사람은 보통 실무 책임자들이고 말이 적은 사람은 그들의 아이디어를 취사선택해야 하는 크리에이티브 디렉터들이다. 이 상황이 거꾸로 된 회사는 바람직하지 않다. 윗사람이 말을 많이 하는 회사는 아랫사람들의 이직률이 높다. 상명하달의 비민주적인 방식은 회사에 정을 못 붙이게 만들기 때문이다.

광고회사의 회의에서는 말을 많이 하는 사람이 좋은 평가를 받는다. 그러나 말을 많이 하더라도 남의 말을 듣지 않고 싹둑 자르며 자기 말만 하는 사람은 상대를 효과적으로 설득시키지 못한다. 남의 아이디어에 대한 배려심이 없는 사람은 자기 아이디어를 팔 수 없다.

칭기스칸은 글을 쓰지도 읽지도 못했지만 경청을 통해 지혜를 얻었다고 한다. 지위고하를 막론하고 많은 사람과 교감을 나누기를 좋아했던 그는 늘 귀를 열어두고, 누구의 말이든 귀 기울여 들었다. 잘 듣는 사람은 겸손하고, 상대의 지혜를 자기 것으로 흡수하며, 상대의 감춰진 에너지까지 뽑아내는 힘이 있다. 칭기스칸이 존경받는 리더이자 위대한 지도자가 될 수 있었던 것은 바로 이러한 경청의 기술 덕분이다.

회사에서도 마찬가지다. 상대를 효과적으로 설득하기 위해서는 먼저 상대의 주장을 충분히 듣고 그의 의도를 예민하게 포착해야 한다. 말은 겉으로 드러난 메시지보다 숨겨진 속뜻을 이해하는 것이 더 중요하다. 상대가 정말 원하는 것은 그의 말이 아니라 표정과 자세, 지나가듯 이야기하는 사소한 말 속에 들어 있는 경우가 많다. 그것을 이해해야만 나의 주장을 효과적으로 설득할 수 있다.

## 평범한 사람은 입으로, 비범한 사람은 귀로 설득한다

하지만 다른 사람의 말을 오랫동안 집중해서 듣는 건 결코 쉬운 일이 아니다. 집중할 수 있는 시간도 기껏해야 15분 정도밖에 안 된다. 그래서 상대방의 말을 집중해서 잘 듣는 사람은 다른 사람들을 이끄는 리더가 될 수 있다. 우리나라 직장인들의 소망 1위는 상사가 자신의 말을 들어주는 것이라고 한다. 톰 피터스의 주장처럼 21세기는 경청하는 리더의 시대다. 리더십은 입이 아니라 두 귀에서 시작된다.

재미있는 것은 화려한 언변으로 상품을 팔아야 하는 전화 상담원의 경우도 자신의 말만 많이 하는 사람보다 고객의 말을 더 귀 기울여 들어주는 사람이 높은 친절 점수를 받고, 성과도 더 좋다고 한다. 누군가의 어려운 부탁을 거절할 때에도 잘 들어주어야 거절하기가 쉽다. 이런 점에서 경청은 인간관계에서 가장 강력한 힘을 발휘하는 커뮤니케이션 기법이자 다른 사람을 내 편으로 만드는 중요한 무기다.

## 경 청 의  힘 을  기 르 는  습 관  연 습

**1 상대방의 말을 재촉하거나 중간에 자르지 말자**

재촉하면 나올 말도 안 나온다. 좋은 정보, 좋은 이야기는 느긋하게
귀를 열어야 들리는 법이다.

**2 잘 듣고 맞장구를 쳐주자**

수다를 떨 때도 맞장구를 잘 쳐주는 사람이 인기가 많다. "맞아, 맞
아!" 하는 그 한 마디로 누구나 인기 있는 사람이 될 수 있다.

# <sup>40</sup> 비난과 악플에 유연하게 대처하는 방법

### 반응하지 말고 그냥 흘려보내자

당신을 비난하는 사람 앞에서도 의연한 태도를 지녀라.
화를 냄으로써 상대방이 만들어놓은 수렁에 빠지지 말라.
— 마르쿠스 아우렐리우스, 로마 황제

예전에 직장생활을 할 무렵 나와 체질이 전혀 안 맞는 직장 상사가 있었다. 항상 내 아이디어에 트집을 잡고 소소한 생각부터 세상을 바라보는 시각까지 모두 정반대라서 회의나 토론을 하면 항상 마지막에는 다툼이 생기곤 했다. 그분은 감정이 격해질 때면 심한 직설화법으로 상대방을 비난하곤 했는데, 그 사실을 알면서도 매번 나도 같이 흥분해버려 서로 마음만 상한 채 사이가 멀어지게 되었다.

객관적인 비판은 약이 되지만 감정이 섞인 비난은 큰 상처를 남기는 독이 된다. 상대를 괴롭히려는 의도가 담긴 비난에는 반응하지 않는 것이 현명하다. 참지 못하고 일일이 반응하다 보면 나만 중심을 잃어버릴 가능성이 크다.

요즘 잘나가는 연예인들 치고 악플에 시달리지 않은 사람이 없다. 악플은 악감정을 담은 비난이자, 일종의 폭력이다. 그 폭력에 폭력으로 맞서는 것은 기름을 들고 불덩이에 뛰어드는 것과 마찬가지다. 비난과 악플은 물 흘러가듯이 그냥 흘러가게 내버려두는 것이 좋다. 인터넷 상의 악플은 특히 더 그렇다. 그냥 놔두면 다른 면역력 높은 선플들이 악플과 대신 싸워준다. 그러다 보면 악플도 슬그머니 꼬리를 감추고 사라진다.

## 비난에 대한 내성을 키우고 칭찬에 집중하자

인기 연예인 중에는 악플에 의연한 사람이 많다. 동방신기는 인터넷 댓글들은 아예 읽지 않고, 개그맨 김제동은 기분 나쁜 이야기를 들으면 산에 가서 산짐승들에게 그 사람 욕을 하며 푼다고 한다. 악플 많이 달리기로 소문난 진중권 교수의 악플 대처법은 모든 사람들에게 권할 만하다.

"저는 악플이 달려도 별로 신경을 안 써요. 오히려 이런 욕을 하는 것을 보면서 그 사람의 생각을 비웃어주죠. 이런 게 내성이 아닌가 싶어요. 같은 수준으로 대응하는 것이 아니라 약간 풍자적으로 대응하는. 또 하나의 방법은 악플은 보지 말고 칭찬만 들으면 됩니다. 칭찬하는 사람들은 굉장히 진지한 사람들이지만 악플을 다는 사람들은 그런 진지한 의도가 없거든요. 그걸 같은 급으로 취급하면 안 되죠. 악플은 없앨 수 없어요. 우리가 무균실에서 살 수 없듯이. 내성을 기르는 게 가장 좋습니다."

히딩크 감독이 프랑스와의 경기에서 5 대 0으로 패해 '오대영'이라는 별명을 얻었을 때 비난에 대처했던 자세도 눈여겨볼 필요가 있다. 그는 두 번이나 5 대 0으로 지고 나서도 "나는 내가 알고 있는 가장 좋은 방법으로 최선을 다하고 있다"라고 하면서 비판과 비난에 맞서 자신의 길을 당당히 걸어갔다. 그는 절대 변명을 늘어놓지 않았다. 그저 결과로 자신의 능력을 입증했을 뿐이다.

인생을 살면서 단 한 번도 비난을 받지 않거나 오해로 상처 입지 않은 사람은 없을 것이다. 자신의 의도와 상관없이, 혹은 자신과 무관한 일 때문에 심한 비난을 받고 불명예를 얻는 경우도 흔히 일어난다. 이럴 때 섣불리 남을 원망하거나 자책감에 괴로워하는 것은 좋지 않다. 오직 자신을 믿고 의연하게 대처하는 것만이 최선이다. 수많은 비난과 역경을 극복하고 역사상 가장 위대한 지도자로 존경받고 있는 링컨의 말은 비난에 현명하게 대처하는 힌트를 준다.

"나에 대한 비판에 일일이 변명하느니 차라리 다른 일을 시작하겠다. 나는 최선의 방법으로 목표를 향해 최선을 다할 따름이다. 최후까지 그렇게 할 결심이다. 결과가 좋다면 나에 대한 악평쯤이야 아무런 문제가 되지 않으리라. 만일 결과가 좋지 않다면 열 명의 천사가 내 옳음을 증언한다 해도 아무 효과가 없을 것이다."

## 비 난 대 처 를 통 한 습 관 연 습

### 1 비난이나 악플에 대처할 때도 타이밍이 중요하다

침묵이 길어졌다면 계속 침묵하는 것이 좋다. 뒤늦게 해명하면 상대는 변명으로 받아들인다. 최선의 방법은 비판에 일일이 대응하기보다 결과로 보여주는 것이다. 아직 목표에 도달하지 않았다면 비난과 비판에 흔들리지 말자. 목표 달성 후의 해명은 좋은 약이 될 수 있지만 그 전의 해명은 독이 되기도 한다.

### 2 "지쳤어" 하며 마음껏 투정을 부릴 장소를 만들자

혼자 가는 술집도 좋다. 노래방, 야구장, 나이트클럽 어디라도 상관없다. 스트레스를 해소할 나만의 아지트를 만들어라. 눈치 안 보고 함께 수다를 떨 수 있는 친구가 있다면 더 좋다.

# 41 거절을 잘해야 인생이 편하다

## 거절은 그 자리에서 즉시 해야 한다

자아를 발견하고 진솔하게 살고 싶다면
내키지 않을 땐 과감하게 거절하라.
— 사토오 아야코, 저술가

친한 친구가 보증을 서 달라고 한다. 아내가 알면 큰일 날 일이지만 차마 부탁을 뿌리칠 수 없는 사이라서 들어준다. 몇 달 후 친구는 부도를 내고 잠적했고 은행에서는 나에게 채무를 변제하라고 독촉한다. 아내는 보증을 서준 사실을 알고 펄쩍펄쩍 뛰고, 친구의 빚을 대신 갚고 나면 길거리에 나앉게 생겼다.

내 주변에도 이런 상황을 겪은 사람들이 꽤 많다. 마음이 약해서 부탁을 들어줬는데 큰 피해를 당하는 경우다. 친구나 친척이 간

곡하게 부탁을 하면 왜 우리는 마음이 약해질까. 왜 딱 부러지게
거절하지 못하고 마음고생을 할까.

## 거절은 나를 보호하는 소중한 행동

이스라엘 건국 초기에 과학자 아인슈타인은 대통령직을 제안받
았다. 그러나 그는 다음의 말과 함께 그 엄청난 제안을 거절했다.

"무척 영광스러운 제안이지만 나는 대통령직을 맡을 수 없습니
다. 나는 우주의 법칙은 잘 알지만 인간에 대해서는 잘 알지 못합
니다. 더욱이 대통령은 자신의 신념에 반하는 일도 해야 하는데 과
학자인 나는 그렇게 할 수 없습니다."

만약 아인슈타인이 이스라엘의 대통령이 되었다면 어떠했을지는
알 수 없다. 하지만 분명한 것은 대통령직을 거절한 덕분에 아인슈
타인은 과학자로서 자신의 신념을 지킬 수 있었고, 지금껏 그러했
던 것처럼 앞으로도 역사상 최고의 과학자로서 존경받을 것이다.

나는 프리랜서 카피라이터로 일하면서 수많은 부탁을 받는다.
사람을 소개해달라, 자료 좀 보내달라, 돈 좀 꿔달라, 심지어는 카
피를 공짜로 써달라는 부탁을 받기도 한다. 예전에는 마음이 약해
서 그런 부탁들을 쉽게 들어주었는데 요즘은 적절하게 거절하는
편이다. "예스" 하고 나서 난처한 상황을 맞이하는 것보다 거절할
때 잠깐 껄끄러운 게 더 낫다는 것을 경험을 통해 터득했기 때문

이다.

 언젠가 보험회사에 다니는 친구가 직장까지 찾아와서 보험에 가입해달라고 부탁한 적이 있다. 나도 책 영업사원으로 일할 때 선후배들을 많이 괴롭혔기 때문에 어떤 상황이 벌어질지 예측이 되었다. 친구의 이야기를 다 들어주면 마음이 약해져서 보험 계약을 안 해줄 수 없을 것이다. 그래서 이야기 중간에 그의 말을 자르고 상황을 설명한 뒤 정중하게 거절했다. 들어주지 못할 부탁을 끝까지 듣고 있다 보면 더욱 난처한 상황이 되고 만다. 아예 처음부터 못한다고 해야 상대도 에너지를 덜 쏟고, 감정도 상하지 않게 된다.

 들어줄 수 없는 부탁이나 요청은 그 자리에서 즉시 거절하는 게 가장 좋다. "일단 생각해보겠습니다"라는 말은 상대에게 헛된 기대를 갖게 하기 때문에 나중에 거절하기가 더 힘들어진다.

 하지만 거절의 말투는 중립적인 것이 좋다. "전 못합니다" 하고 냉정하게 자르는 것보다 "그건 제가 하기 힘들 것 같은데, 다른 분에게 부탁하는 게 좋을 것 같습니다" 하며 완곡하게 거절해야 한다. 그래야 거절 후에도 좋은 관계를 유지할 수 있다.

 사회생활을 하면서 우리는 수많은 부탁을 받게 된다. 부탁을 하면서 간혹 검은 거래가 오고가기도 한다. 이때 제대로 대처하지 못하면 정정당당하게 살아온 인생이 한순간에 무너질 수도 있다.

 거절은 원치 않은 결과나 난처한 상황으로부터 자신을 보호하는 중요한 방어법이다. 거절 이후 상대방과 관계가 나빠질까 봐, 좋지 않은 평판을 얻게 될까 봐, 혹은 거절하는 자체가 익숙하지 않아서 원치 않은 일을 떠맡다 보면 자신의 삶이 자신의 통제권에서 벗어나 부정적인 방향으로 흘러가게 된다. 하기 싫은 일은 적절히 거절하고 하고 싶은 일에 정성을 쏟는 것이야말로 삶을 긍정적으로 전환시키는 가장 중요한 기술이다.

## 효 과 적 인    거 절 을    위 한    습 관    연 습

**1  집요한 부탁은 집요하게 거절하자**

집요한 부탁에 마음이 흔들리지 말자. 이미 거절하기로 판단한 일에 대해서는 중간에 절대로 마음을 바꾸지 말자.

**2  승낙하고 나서도 거절할 수 있다**

변덕이 심하다고 욕해도 개의치 말자. 처음에는 마음이 약해서 승낙했지만 아무리 생각해도 자신의 능력 밖이라고 설명하고 정중하게 거절하자.

# 42 전 세계 종교를 공부해보자

**여러 종교에서 깨달음의 즐거움을 얻자**

나는 신을 믿지는 않지만
신을 믿는 사람들의 종교적인 감정을 매우 존경한다.
— 고르바초프, 전 소련 대통령

우리 집안은 가족들이 각자 서로 다른 종교를 갖고 있지만 종교로 인한 갈등이나 다툼 없이 잘 지내는 편이다. 아버지는 종교는 갖고 있지 않지만 심령 과학을 신봉하고, 어머니는 불교신자다. 나와 큰 형은 종교를 갖고 있지 않은데, 작은 형은 출가해서 스님으로 살고 있다. 누나와 매형은 천주교 신자고, 내 아내는 몇 년 전까지 기독교 신자였지만 지금은 천주교로 옮겼다. 이렇게 종교의 스펙트럼이 다양한 집안도 흔치 않을 것이다. 마치 작은 한반도 안에 기독교,

불교, 천주교, 유교, 이슬람교 등이 조화롭게 모여 있는 것과 비슷하다.

우리 가족들이 서로의 종교를 인정하지 않고 자신의 종교를 받아들일 것을 강요했다면, 중동과 아프리카 여러 지역에서처럼 우리 집안에서도 종교분쟁이 끊이지 않았을지 모를 일이다.

## 다른 종교를 공부하다 보면 상생의 지혜가 생긴다

최근에 나도 종교에 부쩍 관심을 갖게 되었다. 예전에는 성경 말씀이 잘 와닿지 않았는데 요즘에는 성경 말씀 하나하나가 아름다운 시 구절처럼 느껴지곤 한다. 어릴 때에는 불교 철학이 이해하기 어려웠는데, 요즘에는 그 속에 담긴 삶과 죽음의 본질에 대해 자꾸 파고들고 싶어진다. 일본 애니메이션에는 나무나 자연물에 기도하는 장면이 많이 나오는데, 그런 장면을 볼 때면 자연과 조상을 숭배하는 일본의 전통 종교에 대한 궁금증이 생긴다.

어느 유명한 목사가 우파니샤드를 공부하기 위해 인도로 떠났다는 기사가 화제가 된 적이 있다. 아마도 기독교와 우파니샤드 사이에 존재하는 공통점이 궁금해서였을 것이다. 이처럼 종교의 크로스오버, 즉 다른 종교를 공부하고 체험하는 것은 좀더 넓은 지혜를 흡수하는 현명한 방법이라는 생각이 든다.

성경, 불경 등 각 종교의 경전은 가장 오래된 베스트셀러이면서 수천 년이 지난 지금까지 여전히 많은 사람들에게 사랑을 받고 있는 책이다. 자신의 인생에서 단 한 권의 책을 고르라면 이런 경전을 고르는 사람들이 많다. 또한 삶의 방향을 제시하는 수많은 자기계발서들의 메시지는 대부분 이런 경전에 뿌리를 두고 있다. 이런 점에서 현재 종교를 갖고 있든 없든 상관없이 여러 종교의 교리를 읽고 공부해보는 것은 인생을 살아가는 데 큰 도움이 될 것이다.

## 종 교 공 부 를 통 한 습 관 연 습

**1 사찰 기행, 성당 순례 등을 해보자**
전북 고창에 위치한 선운사와 충남 아산의 공세리 성당은 종교에 상관없이 매년 수많은 사람들이 찾아와 마음의 평화를 얻어가는 곳이다. 유서 깊은 사찰이나 성당을 찾아서 경건한 분위기를 느껴보자.

**2 위대한 종교 지도자들의 책을 찾아서 읽자**
법정 스님의 아름다운 산문과 김수환 추기경님의 잠언들은 종교와 상관없이 그 자체로 큰 울림을 준다. 위대한 종교 지도자들의 책을 통해 모든 종교에서 말하고자 하는 공통점을 찾아보자.

# 43 2년씩 다른 도시, 다른 나라에서 살아보기

## 안주하지 말고 언제든 떠날 준비를 하자

먼 길 가기를 두려워하지 마라.
성공은 그 너머에 있다.
— 마르셀 프루스트, 작가 · 평론가

우리 가족이 서울을 벗어나 강원도에 터전을 마련한 지 5년이 넘어간다. 처음 이곳에 내려오기로 했을 때 주위 사람들은 무척 놀라워했다.

"어떻게 그렇게 쉽게 내려갈 수 있어?"

"직장은? 아이들 교육은?"

모두들 궁금해하는 것이 한두 가지가 아니었다. 하지만 내가 강원도로 온 이유는 단순하다. 너무 많은 사람들이 모여서 사는 서울이 싫었기 때문이다. 지내는 공간이 좁으면 사람의 마음도 좁아진다고 했던가. 서울에서는 어디를 가나 너무 많은 사람들과 부대껴야 한다. 그러니 자연히 마음도 좁아지는 것 같았고, 어느 순간 그런 답답함이 견디기 힘들어졌다.

그래서 한동안 주말만 되면 아이들을 데리고 산과 바다, 깨끗한 자연이 있는 곳으로 돌아다녔다. 그렇게 다니다 보니 더욱 자연 가까이에서 살고 싶은 마음이 강해졌다. 아내도 나와 같은 생각이었기에 주저 없이 실행에 옮겼다. 주말마다 지방으로 돌아다닌 덕분인지 아이들도 시골로 이사 가는 것을 거부감 없이 받아들였다. 전입과 전학도 자연스럽게 진행되었다.

지금 우리 가족은 평창의 해발 700미터 고지에 터를 잡았다. 그림 같은 전원주택으로 이사하고, 아침저녁으로 눈앞에 펼쳐진 아름다운 풍광을 감상하다 보니 갑자기 몇 배는 더 부자가 된 것 같은 기분이 든다.

## 안주하지 말고 이동하며 새로운 것을 익혀라

우리 모두는 태생적으로 유목민이다. 현실에서는 아이들 교육 때문에, 혹은 일자리 때문에 어쩔 수 없이 한곳에 머물러 살고 있지만 언제든 자유롭게 이곳 저곳을 돌아다니고 싶은 것이 인간의 본능이다.

나는 언젠가 어느 회사 사보에 글을 쓸 기회가 있었는데 그 지면을 통해 좀 엉뚱한 제안을 해보았다. 우리 인생 중에서 20년을 정해놓고 10년은 국내에서, 10년은 해외에서 살아보자는 제안이었다. 국내에 사는 10년 동안에는 다섯 개 도시를 정해놓고 2년씩 살고, 해외에 사는 10년 동안에는 다섯 개 나라를 정해 2년씩 살아보는 것이다. 참 발칙하고 재미있는 제안이라 독자들의 반응이 상당히 좋았다. 자신도 오래 전부터 그런 생각을 했었노라며 공감의 메일을 보내온 사람도 있었다. 비록 실행에 옮기지는 못하지만 누구나 마음속에는 유목민 기질과 자유 본능을 가지고 있기 때문일 것이다.

지금껏 우리 가족은 서울, 의정부, 원주, 평창에서 각각 2년 이상씩을 살았다. 국내의 다섯 개 도시도 다 못 채웠는데 벌써부터 아내는 해외에 나가서 살아볼 것을 제안한다. 뉴질랜드에 가서 살면 좋겠다는 것이다. 그냥 하는 말인 줄 알았는데, 얼마 전부터는 뉴질랜드 이민 관련 사이트와 관련 기관들을 통해 적극적으로 정보를 모으고 있다.

물론 서울에서 지방으로 내려와 사는 것과 지구 반대편 나라로 이민을 가는 것은 전혀 다르다. 현실적으로 해결해야 할 문제도 많고, 단기간에 결정하기도 쉽지 않다.

하지만 70~80년 인생 중에 몇 년쯤 다른 나라에서 살아보는 것도 재미있는 투자일 것 같다. 몇 년 뒤 나를 잘 아는 누군가가 평창에 왔으니 얼굴이나 보자며 전화를 할지도 모른다. 그럼 나는 이렇게 답하며 그를 황당하게 만들겠지.

"나, 지금 뉴질랜드 웰링턴이야. 아내랑 쇼핑 나와 있어."

상상만 해도 즐거워서 웃음이 나온다.

## 이 주 를 통 한 습 관 연 습

### 1 색다른 형태의 주거 양식에 도전해보자

많은 사람들이 편리하다는 이유로 혹은 투자의 목적으로 아파트에서 살려고 한다. 하지만 우리 주변에는 다양한 주거 양식들이 있다. 특히 요즘에는 직접 집을 짓거나 개조해서 사용하는 사람들도 많다.

### 2 산 속에서 살아볼 수도 있다

『월든』의 저자 헨리 데이비드 소로우는 자연을 온몸으로 느끼기 위해 월든 호수 근처에 집을 짓고 2년간 살았다. 우리도 원하기만 한다면 해발 700미터의 강원도 산자락 어디쯤에 집을 얻어 자연과 벗하며 살아볼 수 있다. 필요한 것은 하고자 하는 마음과 실행력이다.

# 44 마흔 살에 신입사원이 되자

### 인생 이모작을 위해 제2, 제3의 직업을 찾자

마흔 살 10년은 모름지기
인생의 가장 중요한 혁명의 시기다.
이때 전환하지 못하면 피기 전에 시든 꽃처럼
시시한 인생을 살게 된다.
— 구본형, 『익숙한 것과의 결별』 중에서

얼마 전 한 TV 프로그램에서 철강회사를 다니던 40대 후반의 남자가 한식 요리사로 전직해 열정을 불사르고 있는 모습을 보았다. 이전과는 전혀 다른 직종을 선택해 성공적인 인생 이모작을 시작한 그의 모습에 자극을 받아 나도 미래에 대해서 많은 생각을 하게 되었다. 나도 하루 빨리 뭔가 새로운 일을 준비해야 할 것 같은 절박함이 일었다. 이러한 생각의 변화에는 아내의 응원이 큰 역할을 했다.

내 아내는 좀 특별하다. 아무리 힘들고 치사해도 다른 생각하지 말고 계속 직장에 다닐 것을 종용하는 다른 아내들과 달리, 내 아내는 내게 매일 새로운 일을 찾을 것을 권한다. 장기적으로 인생 후반기를 책임질 새로운 일을 준비하라고, 기왕이면 자기와 함께 할 수 있는 일을 찾아보자고 한다. 그래서 요즘 나는 매일 나의 10년 후를 머릿속에 그려보는 습관을 갖게 되었다.

인생 후반기를 준비하는 방법에는 크게 두 가지가 있다. 전혀 다른 분야에 도전하는 것과 자신이 하고 있는 분야를 확장해가는 것. 어느 길을 선택할지는 각자의 몫이다. 나는 두 가지를 모두를 시도해볼 생각이다. 요리 솜씨가 좋은 아내를 도와 식당을 차리는 것은 새로운 도전이고, 글쓰기나 강의를 하는 것은 지금 하고 있는 일의 확장이다. 지금부터 두 가지 일 모두에 시간과 노력을 적절히 안배한다면 좀더 재미있고 안정적인 인생 후반기를 맞이할 수 있으리라고 기대한다.

## 나만의 터닝 포인트를 준비하자

솔개는 약 70년이나 사는 장수 조류인데 40세 즈음에 생의 결정적인 터닝 포인트를 맞이한다고 한다. 제구실을 못한 채 죽을 날을 기다릴 것이냐 아니면 자신의 부리를 바위에 부딪쳐 깨서 새로운 새로 태어날 것이냐를 선택하는 것이다. 부리를 깨려면 반년 이상 바위에 심하게 부딪쳐야 한다. 솔개의 처지에서 보며 그야말로 죽느냐, 변화하느냐의 기로에 선 것과 마찬가지다. 목숨을 건 변화인 것이다.

우리도 누구나 인생에서 이러한 선택을 해야 하는 순간이 올 것이다. 변화를 위해 발톱을 뽑아내는 고통, 깃털을 뽑아내는 고통을 견뎌내야 하는 그런 순간 말이다. 하지만 그 순간의 고통이 결코 헛되지 않을 것임을 알고 기꺼이 받아들이는 사람은 더욱 풍요롭고 충만한 삶을 맞이할 수 있다. 제2의 인생을 성공적으로 준비하기 위해서는 스스로 변화고자 하는 의지와 노력이 필요하다.

## 인 생 이 모 작 을 준 비 하 는 습 관 연 습

**1 지금까지와는 전혀 다른 업종에 도전해보자**

평생 공무원으로 일하던 사람이 목수 일에 도전해도 좋고 운동선수가 요리사에 도전해도 좋다. 고정관념에서 벗어나 새로운 분야에 도전해보자.

**2 전직과 이직을 두려워하지 말자**

이미 평생직장의 개념이 사라진 지 오래다. 늘 자기 마음속에 품은 회사에 들어가기 위한 이력서를 준비하라. 먼저 준비하는 자가 이긴다.

# 45 마음의 평화를 위해
## 나쁜 뉴스를 멀리하자

**주말에는 뉴스 없이 살아보자**

신문을 읽지 마라.
결과에 비해 거기에 투자하는 시간이 너무 길다.
– 앤드류 매튜스, 저술가

요즘 뉴스를 보다 보면 없던 울화병도 생기는 것 같다. 도저히 상식적으로는 이해할 수 없는 일들이 정치, 경제, 교육의 현장에서 날마다 일어난다. 사회적 약자나 선량한 사람들을 이용해 자신의 이익을 취하는 사람, 나쁜 짓을 하고도 뻔뻔한 태도로 일관하는 사람, 몰상식한 행동으로 사회 정의를 어지럽히는 사람들이 너무나 많다. 가슴 따뜻한 뉴스는 눈을 씻고 찾아봐도 없고 살인, 도둑질, 사기, 유괴사건이 신문과 방송을 가득 채우고 있다. 뉴스를 보고 있노라면 이 세상에는 아이들의 눈과 귀를 가리고 싶을 정도로 끔찍한 일들만 일어나고 있는 것 같은 생각이 든다. 뉴스 자체가 '19금'인 세상이다.

이런 현실을 참다못해 나와 내 친구는 '긍정 신문'를 만들어보자는 이야기를 나눴다. 사람들을 기분 좋게 만드는 뉴스만 취재하고 모아서 신문을 발행하는 것이다. 그런데 찾아보니 이미 그런 신문이 발행되고 있었다. 그 신문을 만든 사람도 나와 내 친구처럼 부정적인 뉴스들에서 벗어나고 싶었던 것 같다.

## 나쁜 뉴스의 부정적인 기운에서 자신을 보호하자

"나쁜 놈!", "말도 안 돼!", "거참, 뻔뻔하네."

뉴스를 보다 보면 이런 말이 절로 나온다. 너무 충격적이고 몰상식한 사건들이 많다 보니 이런 즉각적인 반응이 나올 수밖에 없다. 한편으로는 이런 끔찍한 뉴스에 내성이 생겨 뉴스를 듣고도 무덤덤한 사람도 있다. 이런 사람은 사회에 대한 불신과 부정적인 생각이 너무 강해 오히려 끔찍한 사건들이 당연하다는 반응까지 보인다.

뉴스가 스트레스의 원인이 될 때에는 뉴스를 멀리하는 것이 심신의 건강에 좋다. 평일에는 필요한 정보를 얻어야 하니까 인터넷과 스마트폰을 곁에 두고 살 수밖에 없지만 주말만이라도 의식적으로 뉴스와 헤어져보자. 가능하면 나쁜 뉴스들을 흘려보내고 꼭 필요할 때 말고는 부정적인 뉴스에 자기 자신을 노출시키지 않는 것이 좋다.

대신 우리의 평범하고 평화로운 일상에 더욱 집중하는 연습을 하자. 나쁜 뉴스를 멀리하는 것도 세상을 긍정하는 작은 습관이다.

## 나 쁜  뉴 스 에 서  벗 어 나 는  습 관  연 습

### 1 인터넷 뉴스는 선별해서 보자

컴퓨터로 업무를 처리하는 대부분의 직장인들은 좋든 싫든 간에 실시간으로 수많은 인터넷 뉴스를 접할 수밖에 없다. 그런데 인터넷 뉴스는 실시간으로 보도되고 사라지는 특성상 말초적인 감각을 자극하는 기사들이 대부분이다. 꼭 필요한 내용이 아니라면 선별해서 보는 지혜가 필요하다.

### 2 긍정적인 뉴스를 스크랩하자

용기, 도전, 선행과 관련된 뉴스를 적극적으로 찾아서 모아놓자. 다른 사람들에게 귀감이 되는 이들의 이야기를 모으다 보면 자신도 어느새 그들의 행동을 닮아가게 된다.

# 놀이처럼 즐기는 작은 습관 100가지

1  재미있는 코미디 프로그램은 찾아서라도 보자.

2  물건을 조금 덜 쓰고 잘 사는 방법을 찾아보자.

3  딱 2년을 정해놓고 외국어를 정복하자.

4  가끔 싫어하는 일에도 도전해보자.

5  맛있는 집을 찾아다니면 인생도 즐거워진다.

6  1년 동안 좋아하는 시 10편을 외워보자.

7  가족끼리 가족 앨범을 보며 옛 추억을 이야기해보자.

8  1인 기업이나 가족기업을 구상해보자.

9  관심 있는 인터넷 무료 강좌를 찾아서 듣자.

10  좋아하는 배우나 가수, 연예인의 팬이 되어보자.

11  트위터, 블로그, 페이스북, 미투데이로 낯선 사람들과 소통해보자.

12  반려동물을 기르자.

13  직장인 밴드에 참여해보자.

14  내 옷 만들기, 내 집 짓기에 도전해보자.

15  10년에 한 번씩 리마인드 결혼식을 하자.

16  좋아하는 일을 하면서 하룻밤 꼬박 새워보자.

17  새로운 이름이나 닉네임을 만들어 주위사람들에게 불러달라고 하자.

18  자신만의 멘토를 정하자.

19  사무직이라면 몇 달 동안 영업부서에서 순환근무를 해보자.

20  제2의 직업을 구상하고 준비하자.

21  저축을 늘리기보다는 빚을 줄여나가자.

22  신용카드를 없애자.

23  오늘 하루 할 일 중 1순위를 정해서 가장 먼저 실천하자.

24  아침에 일어나자마자 거울을 보며 웃는 연습을 하자.

25  가끔 자기 자신에게 선물을 하자.

26  가족의 주민등록번호는 모두 외워두자.

27  아이디어 메모와 마인드맵 그리기를 생활화하자.

28  오늘 하루 만났던 사람 모두를 달력이나 다이어리에 적어두자.

29  매일 몸무게를 확인하자.

30  하루에 물 2리터 이상씩을 마시자.

31  직장 친구나 동료를 집으로 초대하자.

32  하루 한 번씩 부모님과 전화통화를 하자.

33  한 달에 한 번씩 봉사활동을 하자.

34  자신이 일하는 분야의 전문지식을 다른 사람에게 가르쳐주자.

35 잠자기 전 30분씩 부부끼리 대화를 나누자.

36 난폭 운전을 줄이고 음주운전은 절대로 하지 말자.

37 텔레비전 프로그램에 방청객으로 참여해보자.

38 다툼이나 오해가 있었다면 내가 먼저 화해의 손길을 내밀자.

39 참을성을 기르는 훈련을 하자.

40 1년 후 자신의 모습을 상상하고 노트에 적어보자.

41 싸울 때 먼저 흥분하지 말자.

42 세상은 공평하지 않다는 것을 인정하고 다른 사람을 부러워하지 말자.

43 선플만복래! 악플이 아니라 선플을 많이 달자.

44 나의 직관을 믿고 따르자.

45 평범한 것에서 비범한 것을 찾아내는 연습을 하자.

46 가능한 한 재래시장이나 생협을 이용하고 공정무역 상품을 사자.

47 피스보트나 공정여행, 착한여행 등에 참여해보자.

48 하루 정도는 모든 전원을 끄고 생활해보자.

49 육식의 비중을 줄이고 채식을 늘리자.

50 조미료를 넣지 말고 천연 재료로만 요리하자.

51 아내는 남편을, 남편을 아내를 자주 웃겨주자.

52 책 사는 돈은 아끼지 말자.

53 모르는 것에 대해서는 솔직히 인정하자.

54 새로운 요리와 자신만의 레시피를 개발해보자.

55 자신의 자서전을 써보자.

56 과거 자신이 실패한 일들을 적고 스스로를 용서해주자.

57 미운 사람의 목록을 만들고 하나씩 줄여나가보자.

58 과일은 껍질째 먹자.

59 자신에게 맞는 색과 향을 찾아 애용하자.

60 남들 앞에서 자연스럽게 말하는 연습을 하자.

61 휴가 때에는 템플스테이를 체험해보자.

62 원하는 분야의 전공을 공부해보자.

63 유머감각을 키우자.

64 예술가 친구를 사귀자.

65 한 달에 한 번 자기 자신에게 편지를 써보자.

66 자신만의 방이나 공간을 만들자.

67 섹스를 더 자주하자.

68 자동차 운전 속도를 10킬로미터만 줄이자.

69 담배를 끊자.

70 가끔은 혼자 점심을 먹자.

71 옛날 친구들에게 연락해서 만나보자.

72 부엌은 항상 깨끗하게 유지하자.

73 우울할 땐 어릴 적 좋아하던 만화영화 DVD를 보자.

74 사랑하는 사람을 위해 깜짝 선물이나 깜짝 파티를 준비하자.

75 자전거로 서울 한 바퀴를 돌아보자.

76 머리가 복잡할 땐 좋아하는 물건을 구경하자.

77 자신과 다른 직업의 사람을 자주 만나자.

78 걸어서 국토순례를 해보자.

79 돈은 안 빌리고 안 빌려주는 습관을 갖자.

80 폭식하지 말고 조금씩 천천히 먹자.

81 고치고 싶은 자신의 나쁜 습관 리스트를 적어보자.

82 화를 다스리는 나만의 방법을 찾자.

83 시계를 5~10분 정도 빠르게 맞춰두자.

84 자신의 캐리커처를 벽에 붙여두자.

85 졸업한 초등학교를 찾아가보자.

86 가족과 오토캠핑을 떠나자.

87 행글라이딩이나 패러글라이딩으로 하늘을 날아보자.

88 자주 읽는 신문이나 잡지의 독자란에 원고를 보내보자.

89 합창대회에 출전해보자.

90 소설이나 인문학 책을 꾸준히 읽자.

91 정기적으로 헌혈을 하자.

92 번지점프에 도전해보자.

93 자기가 좋아하는 노래 1000곡을 mp3에 저장해서 듣자.

94 수화를 배워보자.

95 자신의 이력서를 새롭게 써보자.

96 흠모하는 작가의 작품을 필사해보자.

97 한 평의 땅이라도 구해서 직접 농사를 지어보자.

98 가끔 혼자서 조조영화를 보자.

99 정기적으로 집과 사무실의 가구 배치를 바꿔보자.

100 들꽃들의 이름과 특징을 공부하고, 직접 찾아보자.

내 삶에 집중하게 만드는
# 작은 습관

초판 1쇄 인쇄 2016년 6월 21일
초판 2쇄 발행 2016년 7월 18일

지은이 _ 조양제

발행인 _ 양문형

펴낸곳 _ 타커스
등록번호 _ 2012년 3월 2일 제313-2008-63호
주소 _ 서울시 종로구 대학로14길 21(혜화동) 민재빌딩 4층
전화 _ 02-3142-2887  팩스·02-3142-4006
이메일 _ yhtak@clema.co.kr

ⓒ 조양제 2016

ISBN 978-89-98658-38-0 (03320)

* 값은 뒤표지에 표기되어 있습니다.
* 제본이나 인쇄가 잘못된 책은 바꿔드립니다.
* 이 책은 2011년 출간된 『악순환에 빠진 내 인생 선순환으로 바꾸는 긍정습관』의 개정판입니다.

이 도서의 국립중앙도서관 출판시도서목록(CIP)은 서지정보유통지원시스템 홈페이지(http://seoji.nl.go.kr)와
국가자료공동목록시스템(http://www.nl.go.kr/kolisnet)에서 이용하실 수 있습니다.(CIP제어번호: CIP2016013527)